온택트,
어떻게 가르칠 것인가?

온택트, 어떻게 가르칠 것인가?
온라인 상호 작용 교수법 가이드

초판 1쇄 발행 | 2020년 10월 05일
초판 2쇄 발행 | 2021년 04월 15일

지은이 | 이수진
펴낸이 | 이진호

편집 | 강혜미, 권지연
디자인 | 트리니티
마케팅 및 경영지원 | 이진호

펴낸곳 | 비비투(VIVI2)
주소 | 서울시 충무로 3가 59-9 예림빌딩 402호
전화 | 대표 (02)517-2045
팩스 | (02)517-5125(주문)

이메일 | atfeel@hanmail.net
홈페이지 | https://blog.naver.com/feelwithcom
페이스북 | https://www.facebook.com/publisherjoy

출판등록 | 2006년 7월 8일

ISBN 979-11-89303-33-4(03370)

이 도서의 국립중앙도서관 출판예정도서목록(CIP)은
서지정보유통지원시스템 홈페이지(http://seoji.nl.go.kr)와
국가자료종합목록 구축시스템(http://kolis-net.nl.go.kr)에서
이용하실 수 있습니다. (CIP제어번호 : CIP2020039905)

온라인 상호 작용 교수법 가이드

온택트,
어떻게 가르칠 것인가?

이수진 지음

How to Design
Highly Interactive Online Classes

Tips for Interactive Online Classrooms

VIVI2

온라인 명강의를 갈망하는 교사를 위하여

키맵대학교(KIMEP University) 명강의 교수상(Teaching Excellence Award)을 수상한 이수진 교수는, 15년여간 대학 강단에서 학생들을 가르쳐 온 교수 방법 전문가입니다. 이 책에는 성공적인 비대면 수업 진행을 위한 이수진 교수의 노하우를 비롯해, 온라인 수업의 이론부터 실전에 이르는 총체적인 솔루션이 제시되어 있습니다. 또한 이 시대의 진정한 교수자는 단순히 잘 가르치는 것을 넘어, 학생들의 삶의 멘토가 되어 주어야 함을 강조하며, 미래 교육 현장에서 요구되는 교수자의 역할도 진지하게 논하고 있습니다. 이 책은, 온택트 기반의 온라인 수업에 어려움을 호소하는 교수자들에게 좋은 안내서가 될 것입니다.

방찬영, 카자흐스탄 키맵대학교 총장

4차 산업혁명 도래와 더불어 코비드19라는 초대형급 태풍으로 교육 현장은 몸살을 앓고 있습니다. 이러한 현실에서 온라인 명강의를 갈망하는 교사를 위한 교육 백신인『온택트, 어떻게 가르칠 것인가?』가 때맞춰 출간되었습니다. 이 책은 15년 동안 교수법을 연구하고 대학에서 학생들을 가르치며 체득한 티칭 노하우를 온택트의 관점에서 재 진술합니다. 저자가 시도한 다양한 가르침의 시행착오와 이를 극복한 스토리가 고스란히 담겨져 있는 이 책은 중·고등학교 및 대학교에서 수업을 설계할 때 참고할 구체적인 교수법을 제시하고 있어 이 시대 교사라면 절대 놓쳐서는 안 될 지침서라 생각합니다.

조미원, 경남대학교 사범대학장

저자 이수진 교수는 미래 교육의 주요 특징 중 하나인 원격 수업에 대해 이론과 실제의 균형 잡힌 관점에서 논하고 있습니다. 이 책은 효과적인 원격 수업 설계를 위한 훌륭한 지침서로서, 다양한 학생과 마주하고 있는 교수자들에게 실용적인 도움을 줄 것입니다. 또한, 빠르게 변화되는 온라인 학교 문화와 교수자들이 어려움을 호소하는 이 시기에 굉장히 시의적절한 출간이라 생각합니다. 미래의 학습과 온라인 수업에 관심 있는 모든 분께 이 책을 추천합니다.

줄디스 스마굴로바, 카자흐스탄 키맵대학교 인문사범대학장 사람이 사람을 가르친다는 것, 이 행위가 없었다면 인류가 지금껏 존재했을지 모르겠습니다. 위대한 행위를 업으로 삼고 있는 저자 이수진 교수는, 그 사실을 자랑스러워하며 날마다 더 나은 수업을 위해 고민하고 연구합니다. 온라인 수업의 증가로 혼란스러운 교육 현장에서, 학습자를 미래 인재로 성장시킬 수 있는 혁신적인 온라인 교수 방법을 찾기 위해 무던히도 노력해 왔습니다. 저자는 시대의 흐름을 적극 반영한 교수법을 발 빠르게 준비했습니다. 이 책에 담긴 현장감 넘치는 교육의 비밀들이 교육 현장에 몸담고 계신 분들에게 나침반 같은 도움을 줄 거라 확신합니다.

김연수, 전 동서울대학교 교수

온라인 수업의 활성화는 교육 분야 전반을 바꿔 놓았습니다. 가장 큰 변화는 스승과 제자의 경계가 무너졌다는 것입니다. 이제 배우면서 가르치고, 가르치면서 배우는 세상이 왔습니다. 배움과 가르침의 사이를 자유롭게 넘나드는 이수진 교수님의 교수법 책 출간을 축하드립니다. 성장의 핵심을 아는 이 교수님의 열정이 담긴 이 책이 보다 많은 분에게 퀀텀점프 역할을 하리라 기대합니다.

오현주, 더콘텐츠 스쿨

가르침은 배움에서 싹튼다

그해 여름, 모 대학 계절 학기 영어 회화 수업 시간이었다.

'아이고, 아직 30분이나 남았네.'

나도 모르게 반복적으로 시간을 확인하고 있었다. 워낙 더워 땀이 줄줄 흘러내렸다. 그보다 참기 힘들었던 것은 끝없이 가라앉는 수업 분위기였다. 수업에 참여하고 있는 학생이 아니라 수업을 이끌고 있던 강사에게는 보통 문제가 아니었다.

미국에서 대학원을 다닐 무렵, 여름 방학 때 한국을 방문해 운 좋게 맡았던 첫 강의의 기억이다. 교수 코스프레를 하느라 사뭇 진지한 척하고, 분위기를 쇄신해 보겠다고 밝게 웃어도 봤지만 기대와는 달리 힘든 수업의 연속이었다. 매일 아침 강의실로 향하는 발걸음은 모래주머니라도 찬 듯이 무겁기만 했다.

가르치는 나도 수업이 지루하기 짝이 없는데 학생들은 오죽할까 싶어 마음이 힘들었다. 지금 와서 생각해 보니 즐거워야 할 영어 회화 수업에서 판결문을 해독하고 있었으니 어찌 보면 당연한 결과였다. 당시에는 어찌할 바를 몰라 괴롭고 답답한 마음에 애꿎은 150원짜리 자판기 커피만 연신 마셔댔다.

그날도 수업 시작 전, 어김없이 커피의 힘을 빌리고자 자판기에 동전을 밀어 넣고 있었다. 끔찍했다고 표현할 만큼 힘든 시간이 한 달쯤 지나고 있을 때였다.

"이수진!"

누군가 내 이름을 크게 불렀다. 이 학교에서 내 이름 석 자를 부를 사람이 없는데 누구지 싶어 돌아보니 웬 남학생이 캔 커피를 들고 서 있었다. 안면이 있는 것 같았지만 도통 누군지 기억이 나지 않았다.

"나, 윤○○이야. 기억해? 우리 초등학교 때 같은 반이었잖아."

순간 1991년의 초등학교 4학년 7반 교실 풍경이 머리를 스쳤다.

오랜만에 조우한 초등학교 동창은 군 전역 후 복학해 하필이면 내 계절 학기 수업을 듣고 있었다. 첫 수업부터 알아차렸다면서 나의 근황을 묻는 그에게 뭐라고 했는지 기억나지 않는다. 다만 반가운 마음과 동시에 부끄럽고 당황스러워 머릿속이 하얗게 되어버린 것만 같았다. 교수자로서 경험도 없는 초보 강사에다 형편없는 강의를 하고 있다는 자격지심이 발동한 탓이었다.

어쩌면 이 책은 2006년 그 자판기 앞에서 시작되었을지도 모른다.

무려 한 달이 지나도록 초등학교 동창을 강사와 제자로 마주하면서 이대로 계속 수업을 해서는 안 되겠다는 위기의식을 느껴야 했다.

그때부터 보잘 것 없는 강의에 희망을 불어 넣기 위해 교수 방법 관련 서적과 연구 논문을 뒤적거리게 되었고, 관련 워크숍에도 부지런히 참석했다. 다시 배우며 시작해 보겠다는 결심을 확고히 했다.

그리고 15년이 지났다. 가르치는 일에 대해 깊이 고민하고, 구체적인 방법들을 배워 실천에 옮겨 오면서 가르치는 방법을 제대로 배워야 좋은 수업을 할 수 있다는 결론에 이르렀다. 여기에 경험치가 더해지면 비로소 우수한 수업이 탄생한다.

교수법을 배우고 적용하는 과정은 만만치 않았다. 학생들의 흥미를 유발하는 수업을 하겠다는 의욕으로 유머 교수법을 적절치 못하게 사용했다가 어색하고 썰렁한 분위기에 식은땀을 흘리기도 했고, 수업 시작 전 주의를 집중시키려고 기껏 고른 영어 그림책이 수업 내용과 동떨어진 내용이라 당황하기도 했다.

뿐만 아니라 질문법으로 유명한 마이클 샌델(Michael J. Sandel) 교수의 교수법을 차용했다가 내 강의의 특성과 맞지 않아 처참하게 실패했던 일 등 도전과 실패의 연속이었다.

그렇게 15년이 지난 지금, 시행착오를 겪으며 현장 경험을 쌓은 덕분에 비로소 나만의 교육철학과 안정적인 수업 패턴을 찾을 수 있었다. 앞으로 더 나은 수업을 위한 노력과 변화는 멈추지 않을 테지만 말이다.

2017년 8월 키맵대학교 교수로 임용되었다. 이곳 카자흐스탄에 오기까지 대학에서 9년간 연구원 생활을 하면서도 교수 방법과 관련된 워크숍 등에 참석하며 배우고 적용하기를 멈추지 않았다. 확실한 피드백을 위해 내 수업을 촬영해 집중 분석하기도 했고, 선배 교수의 조언을 구하기를 게을리 하지 않았다.

수업은 갈수록 좋은 평가를 받았다. 지금도 강의 전에는 여전히 긴장하지만 이제 학생들이 두려움의 대상이 아니고, 사랑스럽고 보람차게 한다. 나 스스로 수업을 즐기게 되었다.

하루는 연구실에 전화 한 통이 걸려왔다.

"이번에 명강의 교수상을 수상하게 되셨습니다. 포스터에 들어갈 사진 촬영을 해야 하니 이쪽으로 와 주시겠어요?"

노력은 배신하지 않는다고 했던가. 형편없는 강의를 하던 내가 명강의 교수상이라니! 재직하고 있던 카자흐스탄 알마티 키맵대학교 (KIMEP University)에서 '명강의 교수상(Teaching Excellence Award, 2018-2019학년도)'을 수상하는 영광을 안았다. 어찌나 감격스러웠던지 그때 걸려 온 전화를 잊을 수가 없다.

그 전화를 받는 순간, 가장 먼저 어머니를 떠올렸다. 어머니는 내가 알고 있는 그 어떤 교수자 보다 미래를 예견하면서 나와 여동생을 키우셨다. 돌이켜보면 어머니의 교육 모토는 4차 산업혁명 시대의 핵심 역량인 협업, 소통, 끈기, 공감 능력, 시간 관리 등이었다. 미래 교육의 소프트 스킬이 무엇인지 알고 계신 것만 같았다.

어머니는 내게 일상생활에서 몸소 보여 주고 실천하신 교수자의 첫 모델인 셈이다. 그 어떤 것보다 소중한 재산을 남겨 주셨다. 어머니의 가르침, 이 눈물겨운 재산을 내가 만나는 학생들과 함께 나누고 싶다.

이 책은 이러한 다짐과 그간 연구해 온 교수 방법의 본질을 바탕으로 집필되었다. 팬데믹 이후 펼쳐지고 있는 '온택트'의 특징을 반영하면서 초등학교부터 대학에 이르기까지, 다양한 교육 현장에서 수업을 설계할 때 필요한 구체적인 교수법 가이드북이다.

또한 교수자가 기본적으로 숙지해야 할 기본 이론과 참고할 팁을 담고 있다. 교수자로서의 에피소드, 연구자이자 학생으로서 경험담을 함께 수록해 이해를 돕고 있다. 부디 이 책이 지금보다 더 나은 수업을 위해 애쓰는 선생님들에게 보탬이 되었으면 한다.

가르치는 방법은 끊임없는 배움에서 나온다. 내가 경험한 것처럼 가르치는 일이 더 이상 어렵고 힘든 일이 아니라는 점을 공감하기 바란다. 한치 앞도 예상할 수 없는 교육 현장에서 맞닥뜨린 온택트 수업이지만, 티칭 정공법으로 학생들의 생각과 감정을 파악하고, 가르침의 숭고한 사명이 완성되기를 진심으로 기원한다.

2020년 5월

카자흐스탄 천산 아래 우리 집에서

Teaching stems from learning

"Goodness! There's still 30 minutes left."

I quietly muttered out loud on a summer day in 2006, as I took part in a summer English conversation class at a university. I desperately hoped that the boring class would end soon. What was worse than sweating through was the solemn mood of the class because I wasn't one of the students but I was the teacher leading the class.

It was the first class that I was teaching during my visit to Korea for the summer when I was still in graduate school in the United States. Contrary to my expectations, I continued to have tough days. I would put on my professor mask by acting seriously or smiling brightly. But the truth was that every day I would walk slowly with a heavy heart to my lectures. It was hard for me because I could only imagine how bored the students must be if I, the lecturer, was dreading it this much. A supposedly fun English conversation class was turning into a reading comprehension class that reviewed a jury's sentencing decision. I recall drinking a cheap vending machine coffee like it was water in frustration.

A nightmarish month passed. As usual, I was putting a coin into a vending machine near my class to get coffee for an energy boost. I heard someone calling out my name "Su Jin Lee" behind me. I turned around, thinking there isn't anyone on this campus who could call my name. I saw a male student standing with a canned coffee in his hand. I didn't recognize him. Upon a closer look, I thought he looked familiar but still had no idea where I knew him from. Then he opened his mouth: "I'm Yoon. Remember? We were in the same class in elementary school." Goodness! I suddenly thought back to my fourth-grade elementary school days in 1991.

My elementary school classmate had enrolled in my summer

class upon his return to school after completing his mandatory national service. Apparently, he had recognized me at the beginning and wanted to catch up. I don't remember what I said back then because mixed feelings of embarrassment, bafflement, and happiness swirled inside my head: I knew that I was an inexperienced teacher and not doing a good job.

This book began in front of that vending machine. I knew I couldn't keep using my current method since I was forced to stand in front of him for another month. As a result, I studiously read books related to teaching, researched papers, and participated in different workshops to improve my class. "Okay. Let's start from the beginning again."

For 15 years, from 2006 to 2020, I have researched different ways of teaching. I have designed specific teaching methods and implemented them in my classroom. My conclusion is that you can only conduct a good class if you learn how to teach. This process of learning and applying teaching methods for the past 15 years was not easy. Jokes that I ambitiously prepared to entertain my students turned out to be inappropriate. Students were also taken aback at a completely irrelevant English children's story that I read out loud to grab their attention. My attempt to implement Michael Sandel's method of questioning in my classes failed miserably because it was incompatible with my subject and the students' characteristics. Looking back, it was a series of challenges and failures. Finally, after 15 years of field experience, I developed my own teaching philosophy and teaching pattern. Of course, I would need to work continuously to improve.

During the nine years prior to coming to Kazakhstan as a university professor in August 2017, I diligently participated in different workshops related to teaching methods as a researcher. I filmed my own classes and analyzed them for possible improvements. I asked others for feedback. Slowly, my classes improved. I am still nervous before any lecture, but I love my students and now can actually enjoy my classes. As a result, I was awarded the "Teaching Excellence Award" for the Academic Year 2018-2019 from KIMEP University. I will never forget the call that I got: "You won the Teaching Excellence Award. Please come in for a photoshoot for the poster."

This book is based on the teaching methodologies that I

have researched. It also reflects the Age of Zero Contact that is unfolding in response to the global COVID-19 pandemic and will include detailed teaching guidelines for designing classes for middle school, high school, and even college levels. Furthermore, I have included basic theories and tips from my experience as both a professor and student along with fun anecdotes for ease of reading. I hope that this book will be useful for those hardworking teachers who are looking for ways to improve their teaching skills.

Lastly, I hope that teaching is no longer viewed as something hard or challenging. Teaching is also part of learning. Although we can't predict anything in the Age of Zero Contact, I hope that teachers can complete their sacred mission to teach by understanding their students' thoughts and emotions using these teaching basics.

May 2020,
From my house in Kazakhstan

Contents

CHAPTER 1

How to Design
Highly Interactive
Online Classes

온택트,

교육을 바꾸다

줌 코칭을 넘어 인생 수업으로

팬데믹(pandemic) 이후 언택트(untact)라는 말이 등장하기 시작한다. 영어에서 부정을 의미하는 'un'과 접촉을 의미하는 'contact'를 합성한 신조어로 비접촉, 비대면의 뜻이다. 이제는 한발 더 나아가 온라인을 통한 외부와의 소통, 연결을 뜻하는 온택트(ontact)가 시대의 패러다임으로 자리 잡고 있다. 교육계는 서둘러 비대면 온라인 수업이 시작되면서 급격한 변화가 필요하게 되었다.

이곳 카자흐스탄 알마티도 예외일 수 없었다. 유치원부터 대학에 이르기까지 올해 3월부터 대면 수업이 전면 중지되었고, 본격적으로 원격 수업에 돌입하였다.

키맵대학교도 마찬가지였다. 나는 온라인 수업 플랫폼으로 줌(ZOOM)을 도입하기로 결정한 그날부터 학교 강의실 대신 수업 시간에 맞춰 하루 평균 두 번씩 줌으로 온라인 출근을 해야 했다.

지난 봄 학기 동안 진행된 줌 실시간 온라인 수업은 그리 만족스럽지 않았다. 처음이라 미흡했다고 스스로 위로하기에는 줌으로 진행한 수업 횟수가 많았고, 교수로서 상황을 핑계 삼아서 미흡한 수업을 했다는 것이 위안이 될 수 없었다.

이대로는 안 된다! 2학기에는 더 완성된 온라인 수업으로 학생들을 맞이해야 한다고 되뇌이며, 온라인 수업을 잘할 수 있는 방법을 찾기 시작했다. 일단 여름 학기 수업까지 나름 열심히 마무리하고 특단의 결정을 내려야 했다.

원격 수업의 차별화를 위해 다양한 방안을 찾았다. 그러다가 서울시 교육청 부모 교육 강사로 활동하는 오현주 선생님을 알게 되었다. 우연히 줌 강의 특강과 관련된 블로그 포스팅을 읽게 되었는데, 포스팅에서 전해지는 진정성을 보면서 자석에 끌리듯 블로그의 비밀 댓글로 도움을 요청하였다.

"선생님, 카자흐스탄에서 교수로 재직하고 있는 이수진입니다. 효과적인 줌 실시간 수업 방법을 배우고 싶습니다."

기꺼이 돕겠다는 답을 주셨고, 나에게 천재일우 같은 기회였다. 그렇게 더 나은 온라인 수업을 해 보겠다는 열망 하나로 줌 일대일 코칭이 시작되었다. 그녀와의 만남은 한국 시간으로 매주 금요일 새벽 6시 30분에 줌에서 이루어졌다. 예상대로 그녀의 코칭은 줌 사용법과 다양한 기교를 알려 주는 수업 그 이상이었다.

먼저 교수자로서 나를 이해하는 작업이 필요했다. 나의 데모 수업을 20분 정도 관찰한 다음, 권위 있는 학습 유형 분석지를 활용해 내 수업 스타일의 성향이 어떠한지에 대한 분석 결과를 읽을 수 있었다. 명쾌한 내용이었다.

"좌뇌형이므로 PPT 슬라이드가 텍스트 중심에, 이미지가 거의 없고, 수업 진행 방식도 활동 보다 설명 위주입니다."

그대로 공감했다. 가장 중요한 것은 첫 번째 수업을 통해 교수자로서 나 자신을 선명하게 들여다보는 계기가 되었다는 점이다. 수업을 듣는 학생은 여러 학습 유형이 있을 텐데, 나의 성향대로 수업을 이끌어 왔다는 반성을 할 수 있었다.

성공적인 온라인 수업 설계를 위해 교육학자 버니스 맥카시(Bernice McCarthy) 교수의 인지 이론과 4MAT 모델을 소개했다. 맥카시 학습 이론의 핵심은 감정으로 먼저 느낀 다음 이성으로 체계화한다는 사실이다. 예를 들면, 친구와 함께 맛있는 쿠키를 구워서 먹을 때, '이 쿠키 정말 맛있다'라고 감정을 느끼고 나면, 어떻게 만드는지 궁금해지고 질문하게 된다는 것이 이 이론의 핵심이다.

학습에서도 동일한 과정이 적용된다. 이 학습 모델은 동양의 지혜와 서양의 이성적 사고가 조합되어 있는데, 마음과 머리의 조화였다. 결과적으로 어떤 내용이든 '감정-이성'의 순서로 배우는 것이 효과적이다.

가르치는 방법도 마찬가지다. 배움의 과정이 '감정-이성'의 순서인 것처럼 수업 설계도 그렇게 하는 것이 좋다. 궁금증을 유발하는 이미지, 질문, 영상 등을 활용해 학습자의 감정을 움직인 후, 궁금증을 풀어 주는 다양한 활동으로 논리적, 이성적 사고를 촉진한다면, 훨씬 더 효과적인 강의가 될 것이다.

4MAT 이론의 기본은 모든 교수자와 학습자는 각각 다르다는 데서 출발한다. 이를 기반으로 한 4MAT 사이클은 사람이 '감정-숙고, 숙고-생각, 생각-행동, 행동-감정'의 네 가지 유형 중 한 가지 유형에 속하며, 사람마다 유형이 다르다는 것을 보여 준다.

예를 들어, 책을 읽고 고심하여 학습하는 학생이 있는가 하면 몸으로 배우는 학생도 있다. 교수자가 책을 읽는 것이 최고의 학습법이라고 주장한다면 다른 유형의 학생들은 배움을 기대하기 어렵다. 결국 감정, 숙고, 생각, 행동의 사이클에 맞추어 모든 특성이 조화를 이루는 수업을 해야 다양한 성향의 학생들에게 골고루 배움이 일어나게 된다.

교수자와 학습자의 다양성을 인정하고, 네 가지 사이클에 맞춰 균형 잡힌 수업을 진행하는 버니스 맥카시의 모델은 수업 설계 유형 중 가장 학습자 중심이다.

이번 일대일 줌 코칭 수업 핵심은 '사람'이었다. 먼저 나를 이해하고, 학습자를 분석한 후 다름을 존중해야 대면이든, 비대면이든 학습자에게 와닿는 수업을 할 수 있다.

뿐만 아니라 온라인 수업 설계 이론과 함께 줌 플랫폼과 관련된 다양한 디지털 기술을 배웠다. 줌의 다양한 메뉴들부터 시작해 수업 도입에 음악을 넣는다거나 이미지와 동영상을 찾아 줌 강의에 녹여 내는 등의 테크닉도 알게 되었다.

줌 수업을 조금 더 잘해 보려고 시작한 수업이 나의 인생 수업으로 기억되는 순간이었다. 방법 위주였던 기존의 강의를 뛰어 넘어, 내 강의가 나와 학생들을 돌아보고 사람 중심으로 변화되는 전환점이 되었기 때문이다.

이제 온라인 수업은 선택이 아닌 필수다. 교수자들은 갑자기 변화된 수업 환경으로 혼란스럽고 힘든 시간을 보낸다. 그럼에도 불구하고 이 시간이 교육자로서 자신과 학생들을 돌아보고 더 나은 수업을 구상하는 계기가 되었으면 한다.

만나지 않더라도 접촉은 더 많이

알마티 시에 코비드19 첫 확진자가 발표된 건 3월 중순경이었다. 감염자가 증가하면서 사회는 급속하게 변해갔다. 실제로 지켜보는 동안 아이러니하고 놀라웠다.

알마티는 거의 두 달간 고강도 검역 체제에 들어갔고, 그 이후에도 위기 단계를 유지하며 검역 체제의 고삐를 늦추지 않았다. 경찰이 거리에 차가 다니는 것조차 엄격하게 단속하는 모습이었다. 식료품점과 병원, 약국 등 주요 업종을 제외하고는 대부분의 가게가 영업을 중단했다. 일반인이 외출을 해도 검문을 받아야 하는 상황이라 집안에 있는 시간이 이어졌다.

팬데믹은 워킹맘인 나의 일상을 하루아침에 바꾸어 버렸다. 온 가족이 집 안에서 하루 종일 함께하게 되었다. 유치원과 초등학교에 다니는 우리 집 삼형제도 원격 수업을 받게 되었고, 온라인 수업을 생전 처음 접하는 아이들은 아침마다 한바탕 소동을 벌였다.

지난 7년간 워킹맘으로 지낸 나에게 아이들과 24시간을 보내는 경우는 무척 드문 일이었다. 고강도 검역 체제에 들어간 이후 남편만이 식료품 구매를 위해 가끔 외출을 했을 뿐 나와 아이들은 한 번도 외출하지 않았다. 집 안이라는 제한된 공간에서 지내야 했지만 알마티에 온 이후 우리 가족이 가장 바쁘고 밀도 있는 시간을 보내고 있다 해도 과언이 아니다.

카자흐스탄 정부와 교육부의 지침에 따라 키맵대학교 역시 온라인 수업으로 교육 시스템을 빠르게 전환하였다. 덕분에 교수자로서 효과적인 온라인 수업에 대해 공부하느라 정신이 없었다. 공부한 것을 실제 수업에 적용하느라 잠을 설칠 정도로 바쁜 시간을 보냈다. 돌아보면 집안에서 이토록 많은 일을 처리하고, 또 바쁠 수 있다는 것이 신기하기만 했다.

　　내게 코비드19가 바꿔놓은 일상에서 가장 큰 변화는 무엇보다 온라인 강의였다. 대부분의 교육 종사자는 온라인 강의 시대가 도래할 것을 예측하고 있었으리라 짐작된다. 이미 대학 강의의 일부는 온라인으로 진행되고 있었으며, 4차 산업의 등장으로 많은 강의가 온라인화 될 것이라고들 했다. 나 또한 그리 멀지 않을 거라 짐작하고 있던 차였다.

　　이미 3년 전 과학기술정책연구원에서는 학교 교육의 변화와 평생학습의 시대가 열릴 것이라고 예측했다. 4차 산업혁명을 거치며 초지능, 초연결 사회로 들어서고 장소로서의 학교의 의미가 퇴색하면서 교실은 줄어들고 온라인 교육과 재택 학습이 증가할 것이라는 전망도 내놓았던 터였다.[1] 팬데믹은 이전에 예고되었던 것을 급가속화하는 계기가 되었다고 볼 수 있다.

　　이러한 시대의 흐름에 따라 학기 전, 키맵대학교에서 마련한 연수

---

1) 최연구, "4차 산업혁명 시대의 미래 교육 예측과 전망", Future Horizon, v.33, 2017, pp 32-35.

를 통해 실시간 온라인 강의 플랫
폼인 '줌(Zoom)'과 수업 자료 및 과
제 관련 소통을 용이하게 해 주는
'무들(Moodle)' 활용 방법을 배울 수
있었다.

    원격 수업이 익숙지 않아 당장
은 팬데믹에 대한 걱정보다 원격
수업에 대한 걱정이 더 컸다. 교
수자로서 소홀함이 없어야 했기

에 날마다 최선을 다해 강의 준비에 몰입했다. 행여나 오프라인 수업
보다 전달력이 떨어질까 하는 불안감에 수차례 연습을 했다. 원격 수
업에 필요한 프로그램도 반복적으로 사용하면서 실수를 최소화하기
위해 무진 애를 썼다.

    모든 수업이 온라인으로 전환되어 학생들을 직접 만날 기회는 없
었다. 하지만 우리가 함께 하고 있다는 소속감을 고취시키고, 학습 리
듬을 유지시키기 위한 온라인 소통을 강화했다. 덕분에 문자와 이메
일, 무들, 왓츠앱(WhatsApp), 인스타그램(Instagram), 패들렛(Padlet), 플립그
리드(Flipgrid) 등의 다양한 채널을 통한 비대면 접촉은 훨씬 늘었다.

    실제로 이번 기회를 통해 대면 수업을 할 때보다 학생 개개인에게
더욱 관심을 기울이게 되었다. 또한 일대일 온라인 코칭은 서로에 대
해 더 많이 알게 되는 계기가 되었다. 만날 수는 없더라도 더 많은 접

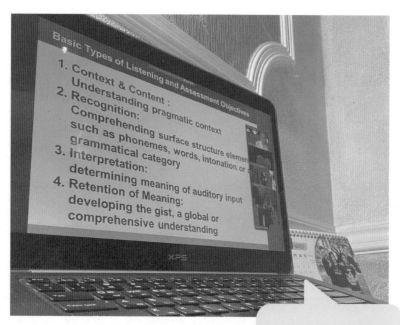

실시간 Zoom 온라인 강의 장면

온라인 코칭은 서로에 대해 더 많이 알게 되는

계기가 되었다. 만날 수는 없더라도

더 많은 접촉이 이루어지고 있다는 반증이다.

촉이 이루어지고 있다는 반증이다.

신속하고 바쁘게 돌아가는 한국 사회와는 달리 알마티의 속도는 느긋하고 평화로웠다. 공용어인 러시아어에 서툴렀기에 무슨 일이든 빠르게 처리될 것이란 기대를 아예 하지 않고 지냈다. 거북이가 달리기 경주에 임하듯 엉금엉금, 그러나 꾸준히 알마티의 새로운 삶에 익숙해졌다. 영원할 것만 같았던 느긋한 삶에 속도를 붙여 준 것이 바로 팬데믹이다.

한국에 비해 배달 문화가 크게 발달하지 않은 알마티에서도 신속 정확한 배달 문화가 자리 잡기 시작했다. 검역으로 인해 마음껏 움직일 수 없고, 대면 접촉이 엄격하게 제한되며 생겨난 새로운 문화였다.

알마티 내의 많은 음식점과 가게가 얀덱스(Yandex) 택시를 이용해 배달 서비스를 시작했다. 카자흐스탄에서 가장 많이 사용되는 SNS 채널 인스타그램에는 얀덱스 택시 또는 주인이 직접 배달을 해 주겠다는 상점들의 광고가 업로드 되고 있다.

우리 가족도 검역 기간을 보내며 배달에 익숙해졌다. 팬데믹 이전에는 없었던 일인데, 식료품을 비롯해 각종 음식, 케이크와 같은 디저트 류, 비타민, 화장품에 이르기까지 무척 다양한 물품들을 주문하고 집 안에서 받아보는 일들이 일상처럼 일어나고 있다.

아파트 단지에 자주 오가는 배달 차량을 보며 이곳 현지인들도 배달 문화에 익숙해지고 있다는 것을 알 수 있다. 한국이라면 그리 놀랄 일이 아니지만 카자흐스탄에서는 그 변화의 속도가 훨씬 더 크게 체감된다.

알마티 배달 문화의 발빠른 본보기는 온라인 쇼핑의 활성화였다. 카자흐스탄의 전자상거래는 팬데믹 이후 확연히 소비자 눈높이에 맞추어 모바일 시스템이 구축되었다. 심지어 온라인 쇼핑은 물론 사회의 많은 부분이 영어로 소통할 수 있게 바뀌어서 러시아어가 서툰 나로서는 반가운 일이었다.

우리 가족 다섯 명이 먼 이국 땅 알마티에서 몸으로 체감하는 변화가 이 정도인데 전 세계가 감당하고 있는 변화의 속도는 그야말로 엄청날 것이다. 정치, 경제, 사회, 문화, 교육 등 각 분야마다 온택트를 기반으로 빠르게 바뀌고 있으며, 동시에 실천 단계에 들어가고 있다. 코비드19로 인해 멈춘 듯하면서, 한편 더 빠르게 변화하는 사회가 지금 우리가 살아가는 시대다.

한국은 온택트 사회로 빠르게 진입하였다. 한국무역협회 국제무역통상원이 발표한 〈포스트 코로나, 변화하는 국내 서비스업 생태계〉 보고서에 따르면, 운수(-12.6%), 도소매·음식·숙박(-6.5%), 문화(-6.2%) 등 대면 업종을 중심으로 경제적 타격이 컸다. 반면 정보통신업(5.9%)은 오히려 증가했다.

뿐만 아니라, 올해 1분기 백화점과 대형 마트의 판매는 감소했지만, 인터넷과 홈쇼핑 등 배달 산업의 판매액은 전기 대비 7.6%나 증가했다. 이는 온라인을 기반으로 하는 비대면 관련 업종들이 빠르게 성장하고 있다는 것을 몸소 느끼게 한다.

온택트, 어떻게 가르칠 것인가?

더 놀라운 것은 공연이나 음악회도 비대면 온라인 콘서트로 전환되거나 프로야구 무관중 개막에 랜선 응원이 진행되는 등 이미 온택트 사회로의 진입이 가시화되었다. 코트라 해외 시장 뉴스에 따르면, 팬데믹 이후 캐나다에서도 다양한 온택트 서비스가 생겨났는데, 그중 대표적인 것이 방문형 자동차 수리와 원격 진료이다.

또한 최근 브리티시 컬럼비아 주에서는 집 안에 발이 묶여 꼼짝 못하는 고객을 찾아가 직접 차를 픽업하고 배달하는 비즈니스 모델이 등장했다. 간단한 절차를 통해, 화상으로 패밀리 닥터를 만나 건강진료도 받을 수 있다. 그러므로 '온택트 시대'는 우리가 살아가는 현재를 지칭하는 새로운 이름이라 여겨도 되겠다.

온택트 시대와 교육 혁명

비대면 수업은 잔잔했던 교육계에 커다란 혁명을 가져왔다. 그동안 대면 수업이 학생과의 소통 및 지식 전달의 측면에서 볼 때 비대면 수업보다 훨씬 효과적이라는 인식이 강했으므로 온라인 수업의 필요성을 그다지 체감하지는 못했다. 언젠가는 그럴 수도 있지만 그 시점이 지금은 아닐 거라고 안일하게 생각하고 있었는지도 모른다.

팬데믹이 시발점이 되어 그동안 미뤘던 숙제를 한꺼번에 해치우듯 온라인 수업이 주목받기 시작했다. 전 세계 대부분의 교육 기관이 앞다투어 온라인 교육 체계를 구축하며 빠르게 태세를 전환했다. 강건너 불구경에 불과했는데 어느 틈엔가 불씨가 강을 넘어온 것과 다름없었다. 게다가 지식이 폭발적으로 증가하는 4차 산업혁명 시대와 맞물려 그 충격이 더했다.

디지털 네이티브인 학습자와 사회의 변화를 따라가지 못했던 학교 및 교수자들 역시 이제 더 이상 물러설 곳이 없어졌고, 그 혁신에 동참하기 위해 다양한 노력을 기울였다. 이른바 온라인 플랫폼을 활용한 비대면 수업이 정착되기 시작한 것이다. 이러한 수업 형태는, 코로나 사태가 아니더라도 우리 사회가 곧 직면하게 될 미래 교육의 모습이었다.

전통적인 수업은 교실에 다수의 학습자가 있고, 교수자는 교탁 앞에서 교재를 중심으로 수업을 진행해 나갔다. 교수자가 학습 과정을 통제하고, 교재에 있는 지식을 전달하면, 학생들은 전달받은 지식을 암기하는 것이 수업의 목표였다.

이는 지식의 객관성과 실증성을 강조한 객관주의 교육 사조에 기반을 둔 것으로 입시 위주의 우리나라에서는 주입식 교육으로 전락하고 말았다. 사회 변화의 속도가 비교적 느리고, 알아야 할 지식도 한정적이었던 과거에나 적합했던 교수학습 방법이다.

4차 산업혁명 시대는 지식의 양은 방대하지만 그 생명력은 짧아졌다. 많은 지식을 외우는 전통적인 수업 방식이 큰 의미가 없다는 뜻이다. 결국 교수학습 방법의 급격한 변화는 예견되었던 당연한 흐름이라고 할 수 있다.

그렇다면 교수자는 변화된 수업 방식에 맞추어 학생들에게 무엇을 가르쳐야 할 것인가를 고민해야 한다. 교수자는 더 이상 지식 전달자가 아니다. 이미 온라인상의 다양한 채널을 통해 학습자가 스스로 지식을 찾아 공부할 수 있는 시대가 되었다.

지식의 홍수 시대에 요구되는 능력은 첫째, 자신에게 필요한 지식과 자료를 선별하는 능력이다. 둘째, 자신의 학습 능력으로 공부한 후 자기만의 것으로 만들어 내는 창의적이고 비판적 사고 능력이다.

이처럼 교수학습의 중심이 교수자에서 학습자로 옮겨지면서, 교수자에게는 이전과는 다른 역할이 요구된다. 학습자 스스로 의문을 가지고 정보를 수집하며, 더 깊은 사고로 발전시킬 수 있도록 하는 학습 코치 또는 퍼실리테이터(facilitator)로서 학습의 진행이 원활하게 이루어지도록 도와야 한다.

이는 구성주의 교육 사조에 그 기초를 두고 있으며, 수업의 형태가 온라인이든 오프라인이든 혹은 온라인과 오프라인이 혼합된 블렌디드 방식이든 간에 상관없이 적용된다.

실제로 교수자의 퍼실리테이터 역할은 팬데믹 이후 더욱 강화되었다. 대부분의 수업이 온라인 가상 현실로 옮겨졌으므로 교실에서처럼 학습자의 학습 과정을 직접 관찰하고 지도할 수 없다.

스스로 동기 부여가 된다거나 자기 주도 학습 능력이 있고, 끈기가 있는 학습자라면 온라인상에서도 뛰어난 학습 능력을 드러낼 것이다. 반면 그렇지 않은 학습자는 교수자의 지원이 없다면 최악의 경우 학업을 포기할 우려가 있다.

대면하지 않는다는 이유로 학습자들이 알아서 하리라는 안일한 생각을 하며 내버려 두어서는 안 된다. 교수자는 학생의 성향과 수준에 맞는 다양한 학습 자료의 제공과 밀착 케어 및 피드백을 통해 든든한 지원군으로 남아 있어야 한다.

최근 성균관대학교 러시아어문학과 오종우 교수의 강의 평가가 화제였다. 온라인으로 이루어졌던 4천 개 교과목 중 그의 강의가 평가 1위를 기록했다.

그의 원격 수업 성공 비결은 이메일로 꼼꼼하게 진행된 질의응답이었다고 한다. 원격 수업의 맹점을 뒤집어 장점으로 이끌어 내 학생들을 일대일로 밀착 케어한 덕분이다. 대면 수업이었다면 손들기를 꺼렸을 내향적인 학생들도 이메일로 편하게 소통할 수 있어 호응도가 좋았다. 모두가 공유하면 좋을 법한 질문은 다음 차시 강의를 녹화할 때 언급하며 같이 생각해 보기도 했다.

온라인 질의응답은 순수한 학생들의 의지였고, 성적 평가와는 무관한 활동이었다. 그런데도 학생들의 질문은 계속 이어졌다. 수강생 79명과 주고받은 질문과 답변은 학기 말에 이르러 단행본 한 권 분량이 되었다고 한다.

원격 수업임에도 불구하고, 이메일 밀착 피드백을 통해 학습자의 학업을 철저히 관리한 덕분에 학습자의 만족도 및 학업 성취도가 매우 높았던 것으로 보인다.

출처 : iStock

학생 중심 수업

학습자 스스로 의문을 가지고 정보를 수집하며, 더 깊은 사고로

발전시킬 수 있도록 하는 학습 코치 또는 퍼실리테이터로서

학습의 진행이 원활하게 이루어지도록 도와야 한다.

이러한 교수자의 역할 변화는 온택트 시대에 도래한 교육 혁명이 성공적으로 진행될 수 있는 열쇠가 된다. 다만 교수자의 역할 변화에 그치지 않아야 한다. 적절한 디지털의 결합과 탄탄하게 설계된 수업이 전제되어야 비로소 온라인이라는 벽을 뛰어 넘어 학생들을 미래 인재로 양성할 수 있다.

미래 교육의 표본 칸아카데미

온택트와 미래 교육의 특성을 잘 녹여 낸 표본이 칸아카데미(Khan Academy)이다. 칸아카데미는 방글라데시 출신 미국인 살만 칸이 만든 비영리 교육 서비스다. 그는 매사추세츠 공과대학교(MIT)에서 수학, 전기공학, 컴퓨터과학으로 학사 학위를 받았고, 전기공학과 컴퓨터과학으로 석사 학위를 받은 재원이다.

졸업 후 미국 보스턴에서 헤지펀드 분석가로 일하던 중 사촌동생 나디아가 수학 공부에 어려움을 느낀다는 것을 알고 원격으로 수학 과외를 지도하게 된다. 그 과정에서 사촌동생의 과외 학습 자료를 유튜브에 올리게 되었는데, 뜻밖의 반응과 엄청나게 높은 조회 수를 보였다. 이는 칸이 일을 그만두고 칸아카데미 운영에 본격적으로 뛰어드는 계기가 되었다.

칸아카데미의 목표는 전 세계 모든 학생에게 양질의 무상 교육을 제공하는 것이다. 살만 칸의 이 획기적인 교육 실험은 기존의 교육 현장에 새로운 바람을 불러일으키기에 충분했다.

먼저 칸아카데미는 교육과 IT를 탁월하게 조합해 전통 교육에서 실현하기 어려웠던 개별 학습을 가능하게 했다. 학생 스스로 필요한 내용을 찾아 자신의 속도에 맞게 학습할 수 있고, 학습자의 이해 정도에 따라 반복 학습을 할 수 있다.

기존의 학교 교육은 학생 수나 시공간적 제약 등으로 인해 학습의 이해도가 느린 학생들은 학업 성취 면에서 뒤처지는 경우가 많았다. 칸아카데미를 통한 학습은 학생 스스로 학습 속도를 조절할 수 있기 때문에 학습 성과로 볼 때 굉장히 효과적이다.

또한 칸아카데미는 모든 온라인 강좌를 무료로 제공하여 균등한 교육 기회를 제공하는 데 이바지했다. 빈민가에 살든 재벌의 자녀이든 간에 차별 없이 동일한 강좌로 학습한다. 즉, 소외된 계층이 수준 높은 교육을 받을 수 있는 길이 열린 셈이다.

국가 차원에서도 실현시키기 어려웠던 균등한 교육 기회의 제공을 칸아카데미가 이룬 것을 보면 그 힘이 얼마나 대단한지 깨닫게 된다. 빌 앤 멜린다 게이츠 재단, 구글 등 세계 유수의 기업 및 투자자들의 투자와 후원도 납득되는 지점이다.

칸아카데미의 강좌는 초등학교 저학년부터 대학 입시를 위한 수업까지 다양하게 구성되어 있다. 하지만 과목은 주로 수학과 과학, 컴퓨터과학, 생물학 같은 이공계 과목에 초점이 맞춰져 있다는 아쉬움이 있다.

칸아카데미의 목표는 전 세계 모든 학생에게

양질의 무상 교육을 제공하는 것이다.

살만 칸의 이 획기적인 교육 실험은

기존의 교육 현장에 새로운 바람을 불러일으키기에 충분했다.

칸아카데미 메인 화면

For every student, every classroom. Real results.

We're a nonprofit with the mission to provide a free, world-class education for anyone, anywhere.

Learners   Teachers   Parents

그래도 최근에는 역사, 음악, 인문학, 경제학 같은 강의도 추가되고 있을 뿐만 아니라 픽사(PIXAR), 미국항공우주국(NASA), 뉴욕현대미술관, 캘리포니아 과학 아카데미, MIT 등의 협업을 통해 보다 다채로운 교육 콘텐츠를 제공한다.

예를 들어 픽사의 경우는 애니메이션이 만들어지는 과정에 대한 자세한 설명과 실습을 곁들인 강의를 선보인다. 무상 교육이지만 제공되는 교육 콘텐츠는 세계 명문이라 해도 무방할 정도다.

칸아카데미는 여러 나라의 언어로 서비스되고 있는데 2016년 칸아카데미 한국이 오픈했다. 수학, 컴퓨터프로그래밍, SAT 준비 등의 학습 콘텐츠를 이용할 수 있다. 콘텐츠는 지속적으로 업데이트 과정을 거치는데, 올해부터 초등 1학년 수학에서 고등 2학년 수학까지 한국의 교육 과정에 따른 수학 학습 콘텐츠도 마련되었다. 전용 애플리케이션도 출시되어 손쉽게 강의를 들을 수 있다.

지금까지 살펴본 바와 같이, 칸아카데미는 개별 학습자를 존중하고, 완전 학습을 위한 교육 콘텐츠를 제공한다. 덕분에 전 세계적으로 2천 9백만 명이 가입하여 학습 콘텐츠를 이용하고 있다.

칸아카데미를 거울삼아 우리 교육 현장 역시 수준 높은 온라인 수업 콘텐츠를 개발하는 것은 물론, 개별 학습자를 존중하여 올바른 미래 교육에 한 발짝 다가갈 수 있기를 기대해 본다.

하버드보다 까다로운 미네르바스쿨

팬데믹을 계기로 원격 수업이 시작된 지 수개월 째 접어든다. 15년 간 강의를 하면서 예상치 못한 상황으로 교육 방법을 완전히 바꾸게 된 경험은 이번이 유일하다. 아마 다른 교수자도 마찬가지일 것이라 생각된다. 덕분에 재택근무나 온라인 강의는 더 이상 새롭지 않다.

원격 수업을 진행하며 대면 수업보다 더 효과적이고 상호 작용이 활발한 방법이 없을까 고민하던 중에 줌을 활용한 비대면 수업을 계획했다. 수업을 어떻게 진행할 것인지 연구하고, 또 실제로 적용해 보면서 다양한 해결책을 생각해 냈다.

또한 치밀한 설계를 바탕으로 재미있게 운영된 온라인 수업은 그렇게 나쁘지도, 또 비효율적이지도 않다는 것을 깨달았다. 자연스럽게 온라인 플랫폼을 기반으로 하는 미네르바스쿨(Minerva Schools)에 대해 궁금증이 일었다.

미네르바스쿨은 지난 2012년 비영리 학부 과정으로 설립되어 2014년부터 신입생을 받기 시작했다. 100% 비대면 수업을 활용하면서 세계적인 명문 대학으로 발돋움해 화제가 되었다. 이 학교의 우수한 교수 방법과 시스템을 벤치마킹 한다면, 분명 수업에 긍정적인 효과를 얻을 수 있을 것이다.

미네르바스쿨의 본부는 미국 캘리포니아 주 샌프란시스코이지만 수업 플랫폼은 온라인이다. 따라서 기존의 대학들과는 다르게 캠퍼스

온택트, 어떻게 가르칠 것인가?

미네르바스쿨의 샌프란시스코
기숙사에 서 있는 학생[2]

나 강의실이 따로 없으며, 사이버 대학의 형태이다.

하지만 사이버 대학과는 차별화되는 점이 있다. 경험을 중요하게 여기기에 온라인 강의 외에 한국의 서울을 비롯해 전 세계 일곱 군데의 기숙사를 지원한다. 기숙사에서 함께 생활하며 온라인에서 학습한 내용을 토대로 다양한 실습의 기회를 얻는다.

미네르바스쿨은 자체 온라인 수업 플랫폼인 '포럼'이 있다. 포럼은 19명 이하가 참여하는 수업으로 일종의 학교 밖 교실의 의미가 크다. 참여자의 얼굴을 실시간으로 보며 소통할 수 있다. 참여하는 모든 학생에게 최대한 많은 발언의 기회가 주어지며, 수업 참여 전 상당한 양의 과제를 준비해야 한다. 미네르바스쿨의 온라인 수업은 교수의 수

2) Claire Cain Miller, "Extreme Study Abroad: The World Is Their Campus", 〈The New York Times〉, 2015. 10. 30.

미네르바스쿨의 온라인 수업 플랫폼[3]

미네르바 교육 시스템은 비대면 수업을 통해 일찍이

거꾸로 학습, 이른바 '플립 러닝(Flip-learning)'을

실행해 나가고 있다.

3) Tom Vander Ark, "Minerva's Innovative Platform Makes High Quality Higher Ed Personal And Affordable", 〈Forbes〉, 2019. 4. 8

업을 동영상으로 찍어 올리는 정도에 머무르지 않는다.

미네르바 교육 시스템은 비대면 수업을 통해 일찍이 거꾸로 학습, 이른바 '플립 러닝(Flip-learning)'을 실행해 나가고 있다. 교수자가 모든 수업 과정을 모니터링하고, 평가의 주요 부분으로 활용한다. 때문에 학생들은 매 수업을 성실히 준비하고, 진지하게 참여한다.

미네르바스쿨의 학부 프로그램에는 사회과학, 인문예술학, 자연과학, 전산학, 경영학 등 총 다섯 계열이 있으며, 모두 미국 학력 인증을 받은 상태다. 신입생은 동일한 네 과목을 수강하고, 선택 강좌나 교양 교과를 듣지 않아도 된다.

미네르바스쿨 입학 첫 해에는 샌프란시스코의 기숙사에서 생활하고, 다음 3년은 서울, 하이데라바드, 베를린, 부에노스아이레스, 런던, 타이베이 등 여섯 국가 내 도시의 기숙사에서 생활하며 지역 사회와 문화를 경험한다.

또한 각 지역의 담당자가 지역의 기업과 연계된 프로그램을 만들고, 학생들이 프로젝트를 수행할 수 있도록 돕는다. 함께 프로젝트를 완성하는 과정을 통해 학생들은 소속감을 느끼게 되고, 서로에게 배우며 우정도 쌓아간다.

이러한 시스템 덕분에 4년 내내 실무를 병행한 공부를 하는 셈이 된다. 보통의 대학생들이 졸업 즈음 짤막한 인턴십을 통해 경험 정도로 현장 실무를 배우는 것과 차원이 다르다.

이와 함께 인터넷만 연결된다면 원하는 장소에서 수업에 참여할 수 있다는 점, 학생 수를 최대 20명 내외로 제한하여 온라인이지만 활발한 상호 작용을 촉진한다는 점, 교수자가 즉각적인 피드백을 제공해 주어 학생들의 수업 만족도가 높다는 점 등이 장점으로 꼽힌다.

획기적인 교육 시스템을 자랑하는 미네르바스쿨은 기존의 대학과 달리 캠퍼스, 도서관, 체육관 등의 시설이 없기 때문에 미국의 유수 사립 대학에 비해 학비가 저렴하다. 2020-2021학년도 학비는 수업료, 기숙사비, 기타 비용을 포함해 26,900달러(한화로 약 3,200만 원)로 하버드대학의 1/3 수준이다.

앞서 언급한 장점과 특수성 때문인지 미네르바스쿨의 합격률은 1% 대로 1.2% 대인 하버드대학보다 까다롭다. 자체 제작 테스트와 온라인 면접을 통해 학생을 선발하는데, 테스트에는 정답이 없으며, 학생들의 잠재력과 창의력을 측정하는 데 그 목적이 있다.

지금까지 살펴본 미네르바스쿨은 코로나 이후 본격화된 온택트 시대에 우리가 지향해야 할 비대면 수업의 바람직한 솔루션과 전략을 제공한다. 가장 핵심이 되는 것은 상호 작용을 극대화하는 온라인 수업 설계와 교수자의 즉각적이고 깊이 있는 피드백이다.

이를 실현하기 위해서는 소수 정예의 학생 수가 요구된다. 또한, 100% 온라인 수업의 단점으로 여겨지는 낮은 소속감과 학생들 간의 친밀감 문제는 미네르바스쿨의 예시처럼 다양한 그룹 프로젝트 활동을 통해 해결할 수 있을 것이다.

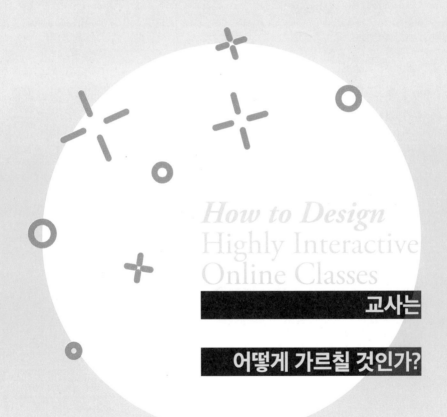

CHAPTER 2

How to Design
Highly Interactive
Online Classes

교사는

어떻게 가르칠 것인가?

교수자의 새로운 역할을 발견하다

아이들이 유튜브에서 '넘버블럭스(Number Blocks)' 채널을 몇 차례 관찰하더니 가르쳐 주지도 않은 셈하기를 쉽게 습득하는 것을 보고 놀란 적이 있다.

또한 일곱 살 된 큰아이가 지구는 핵, 맨틀, 지각으로 구성되어 있는데, 지구 안은 태양처럼 뜨겁다는 이야기를 아무렇지 않게 하는 것이 아닌가? 어디서 배운 것인지 물었더니 역시 유튜브의 어린이 지식 채널을 통해 배웠다고 했다.

어디 그뿐인가? 종이 접기 채널에 푹 빠져 하루에 열 개 정도 종이 비행기를 접는 바람에 한인 마트에 있는 색종이를 몽땅 사왔던 일도 있었다. 나도 잘 모르는 활공력이니 공기 저항이니 하는 단어를 써 가며 아는 체를 했다. 이렇게 하면 높고 오래 나는 비행기를 접을 수 있다며 매일같이 설명을 해 댔다. 동영상에 등장하는 종이 접기 선생님 덕분에 이제 정말 그럴듯한 비행기를 만들어 낸다.

네 살인 둘째는 요가 자세 중 다리를 찢는 박쥐 자세와 헤드 스탠딩에 관심을 보였다. 매일 연습을 하겠다고 조르는 통에 관련된 영상을 찾아 주고 연습을 하게 했다.

디지털 네이티브답게 히스토리에서 재생된 영상을 스스로 찾아 하루 평균 4회 정도 연습을 했다. 이제 완벽한 박쥐 자세와 헤드 스탠딩을 할 수 있다. 네 살밖에 안 된 아이가 쉬지 않고 동영상을 따라하며 원하는 자세를 완성하는 모습이 그저 신기하다.

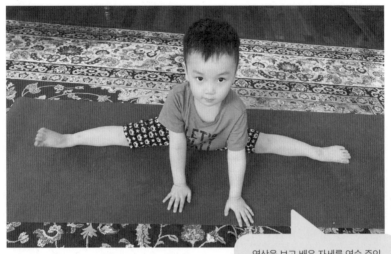

영상을 보고 배운 자세를 연습 중인
둘째 호산이

큰아이는 알마티 현지 학교 초등 1학년이다. 팬데믹으로 인해 격리 기간이 길어지고, 학교 수업이 온라인으로 진행되면서 칸아카데미를 통해 수학 공부를 시작했다. 아이의 반응은 대만족이었다. 개념을 쉽게 설명해 주고, 이해하기 어려운 부분은 다시 보기를 통해 반복적으로 학습할 수 있어 그야말로 완전정복 학습이 가능했다. 근거리에서 경험한 우리 집 아이들의 온라인 학습 활용 모습은 무척 만족스러웠다.

온라인 학습 활용 사례는 그야말로 무궁무진하다. 비대면 동영상 강의로 미술, 공예, 작곡, 운동, 악기 등을 배우는가 하면 가죽 공예, 향수 만들기, 디저트 만들기와 같은 차별화된 취미 생활까지 즐길 수 있다.

최근에는 준비물까지 챙겨주는 온라인 클래스라는 콘셉트를 달고 등장한 온라인 강의 사이트가 인기다. 카테고리도 미술, 사진, 음악, 요리, 자기계발, 직무 등 세분화 하여 선택의 폭을 넓혔고, 오픈되는 강의마다 빠르게 마감되어 그 인기를 실감하게 한다.

각 지자체들도 앞 다투어 평생 학습 온라인 플랫폼을 구축하여 취미 생활부터 부모 교육과 같은 전문화된 프로그램까지 제공 중이다. 심지어 검정고시나 주택관리사, 공인중개사, 사회복지사, 직업상담사, 정보처리기사 등의 전문 자격증 과정도 개설되어 있다. 실제로 아이들의 독서지도나 영어공부를 돕기 위해 온라인 수업을 듣다가, 온라인 독서 논술지도사나 온라인 영어독서지도사 자격증을 취득한 사례도 있다.

언뜻 보면 학교나 교사 없이도 학습 가능한 시대가 왔다고 생각할 수 있지만 명백한 착각이다. 다양한 영상들은 방대한 지식을 그저 전달하는 역할만 한다. 하지만 교수자는 지식 전달의 개념을 넘어 학생 관리와 진로 상담, 지속적인 소통 등 그 역할이 무척 다양하다. 교수자의 이러한 역할은 학생의 성장에 결정적인 요소로 작용한다.

나 역시 대학 내에서 교수자의 역할 변화에 대해 많은 생각을 하게 되었고, 또 무엇을 어떻게 준비해야 할지 고민하는 시간이 계속되고 있다.

이런 상황에서 세계에서 명문으로 꼽히는 대학들이 유다시티(Udacity), 에덱스(edX), 코세라(Coursera) 등의 온라인 플랫폼에 강의를 공개했다. 내 강의와 비슷한 콘텐츠들이 쏟아져 나오는 상황이 벌어졌다. 명문답게 교수진 역시 화려해 수업 설계와 전달, 내용 등 흠을 잡으려고 해도 잡을 수 없었다.

카자흐스탄 명문대 교수라고 하지만 온라인이라는 새로운 수업 플랫폼은 낯설기만 하다. 무크(Massive Open Online Course, 온라인 공개 수업)의 강좌들이 여러 면에서 내 강의보다 더 훌륭해 보였다. 우리 대학은 인터내셔널 대학이라 미국식 학제를 따르는 데다 100% 영어 수업을 진행한다. 그럼에도 불구하고, 무크의 강좌를 보며 영어교육 전공자인 내 영어가 약간 초라해 보이기까지 했다.

무크는 대학 강의를 들을 수 있는 대규모 온라인 공개강좌로 2012년부터 본격적으로 관심을 받기 시작했다. 강의는 무료이지만 교수의 피드백을 받거나 수료증을 받는 과정의 경우는 유료로 운영된다. 최근에는 유다시티와 에덱스, 코세라, 오픈투스터디 등 무크 플랫폼 수가 점점 늘어나면서 그 영향력이 확장되고 있다.

대학에서 강의를 하는 교수자들은 무크 때문에 대학 캠퍼스가 사라지는 것은 아닐까 위기의식을 느껴본 적이 있으리라 생각한다. 이런 우려에 대해 유다시티 설립자인 세바스찬 스런(Sebastian Thrun)은 2014년 1월, 『기가옴(GIGAOM)』과의 인터뷰에서 대학 캠퍼스가 무크 때문에 사라지는 일은 없을 것이라고 답변한 바 있다.

그는 온라인 수업과 대학은 상호보완적 관계에 있으며 앞으로도 학생들의 필요에 따라 온라인 수업과 오프라인 수업 둘 다를 선택할 것이라고 예상했다. 또한 온라인 수업이 모든 학생에게 맞는 방법은 아니며 실제로 조사해 본 결과 상당수의 학생이 여전히 학교 캠퍼스에서 강의를 듣고 싶어 한다고 답변했다.

결국 교수자들은 무크의 명강의나 유튜브 채널의 흥미로운 동영상을 자신의 수업과 비교하며 시간 낭비를 할 필요가 없다. 그럴 시간에 온라인 또는 오프라인 캠퍼스 강의를 온라인 공개 강의들과 어떻게 차별화할 것인지에 대한 방안을 고민하고, 실제 수업에 적용하는 교수자로서의 역할을 재정립해야 할 때이다.

코로나 사태가 머지않아 마무리 될 것이라는 예상과는 달리 팬데믹은 장기화에 접어들어 '위드 코로나'가 일상이 되었다. 또한 백신이 개발되거나 페스트 시대를 거쳐 온 세계사의 흐름을 반추할 만한 동향들을 적용하고 발전시켜야 한다는 논의가 적극적으로 이루어지고 있다. 그렇다면 교육 현장의 학자이자 교수자로서 나는 어떻게 할 것인가?

이 대답을 오현주 선생님과의 일대일 강의 내용으로 대신한다. 우선 대학 원격 강의의 장점이 실시간 강의라는 점, 교수와 학생 사이에 끈끈한 연대감이 있다는 점을 강점으로 파고들어야 한다고 조언하셨다. 또 학생들이 반복 학습을 할 수 있도록 수업 후 강의의 핵심을 간단하게 편집해 유튜브 채널이나 SNS에 업로드 하는 것을 추천했다.

가끔 별 세 개를 받은 미슐랭 음식점에 가서 그 맛에 감동할 수는 있겠지만 결국 우리를 키우는 것은 매일 먹는 집밥이다. 내 강의가 바로 그 집밥이라는 조언을 잊지 말아야 한다. 무크의 강의가 아무리 탁월하다 해도 학생들에게 소속감을 주기는 어렵다. 가끔 외식을 하며 색다른 분위기와 맛을 즐길지언정 매일 그렇게 먹기에는 부담스러울 수밖에 없다.

또한 무크의 강의는 실시간이 아니기 때문에 미루다 보면 학업을 완수하지 못하는 경우가 허다하다. 해서 실시간, 연대감, 집밥이라는 세 가지 키워드를 염두에 두고 디지털 시대에 요구되는 새로운 교수자의 역할에 대해 고민해야 하리라 생각한다.

전달할 것인가 vs 도울 것인가

학창 시절을 떠올리면 절대로 잊히지 않는 은사님이 있다. 중학교 2학년 때 국사 담당 선생님이었다. 선생님의 지식 전달력은 정말 대단했다.

나는 칠판에 연대표를 그리며 연도별로 일어난 역사적 사건들을 설명하는 선생님의 수업에 몰입하였다. 이후 국사 수업 시간마다 그때와 같은 나를 발견하곤 했다.

수업에 몰입한 사람은 나뿐만이 아니었다. 1년 내내 국사 시간에 딴 짓을 하거나 졸고 있던 친구가 단 한 명도 없었다. 행여 선생님의 설명을 놓칠세라 그야말로 초집중력을 발휘했다. 나를 비롯한 모두가 국사에 흠뻑 빠져 1년을 보냈다.

그렇다고 특별한 수업 도구가 있었던 것도 아니었다. 당시는 아날

로그 시대였고 스마트폰이나 태블릿PC는 아예 존재하지도 않았던 시절이었다. 대체할 만한 시청각 자료조차 없었다.

선생님은 분필과 국사책 한 권만 가지고 교실에 들어오셨고, 수업을 진행할 때는 책조차 보지 않으셨다. 한 시간의 수업이 끝나면 칠판에는 깔끔하고 작았던 선생님의 글씨가 빼곡했다. 그때의 판서 일부와 선생님의 설명이 단편적으로나마 아직도 기억나는 것을 보면 퍽 인상적이었던 게 분명하다.

그때의 국사 시간은 전형적인 지식 전달 위주의 수업이었으며, 철저히 교사 중심이었다. 학생들은 그저 전달받은 지식을 필기하고, 암기하는 수동적인 역할을 담당했다. 그럼에도 당시 국사 수업은 무척 훌륭했다.

그렇다면 디지털 시대인 지금도 그런 형태의 수업이 가능할까? 내 대답은 '가능하지 않다'이다. 지식 전달 위주의 교사 중심 수업이 불가능한 것은 우선 시대가 변했다. 나의 중학교 시절은 벌써 25년 전의 일이다.

지금은 스마트폰, 태블릿PC, SNS로 규정되는 디지털 시대이다. 심지어 학생들은 디지털 네이티브다. 태어날 때부터 스마트폰과 태블릿PC에 노출되어, 테크놀로지가 익숙한 세대에게 테크놀로지가 결여된 수업은 상상조차 하지 못할 뿐더러 흥미를 느낄 수도 없을 것이다.

게다가 온택트 기반의 사이버 공간은 오프라인 수업과 달리 학습자 중심이 될 수밖에 없다. 오프라인 수업에서 교수자는 마음만 먹으면 다양한 요소를 통제할 수 있었다. 반면 사이버 공간에서는 학습자의 수업 태도나 참여 정도를 통제할 수 없기 때문에 자연스럽게 수업의 중심이 학습자로 옮겨진다는 것을 기억해야 한다.

지난 3월부터 꾸준히 줌을 통한 온라인 수업을 진행해 왔다. 처음에는 비디오를 끄고 사이버 강의실로 등장한 학생들에게 비디오를 켜고 수업에 참여하기를 독려했다. 그리고 다양한 규칙을 정해 학생들을 통제하려고 했었다.

이를테면, 매 수업 최소 한 번은 의견을 발표해야 한다든지 수업 시작 시간 정각에 온라인 클래스에 접속하기, 필기 노트나 수업 자료를 비디오를 통해 보여 주기 같은 규칙들을 만들었다.

학생들은 이런 규칙들에 상당한 불편함을 표시했고, 오히려 자율성을 허용했을 때 수업 참여가 활발해지는 것을 보았다. 온라인이라는 학습 공간의 특성상 교수자의 관여와 통제는 큰 효과가 없었고, 학생의 자율성을 보장해 줄 때 오히려 수업에 대한 자발적 참여와 집중도가 높아진다는 사실을 잊어서는 안 된다.

뿐만 아니라 지식 전달 위주로 진행되었지만 훌륭하다고 기억되는 중학교 시절의 국사 시간은 그 선생님이었기에 가능한 수업이었다. 복잡하고 어려운 역사적 사건들을 한 눈에 볼 수 있도록 정리하고, 그 모든 사건들을 유기적으로 연결하여 한 시간 수업이 마치 한편의 역사물을 보는 것 같았다. 그것은 전적으로 국사 선생님의 지식 분류 및 체계화 능력과 뛰어난 스토리텔링 역량 덕분이었다.

앞서 소개한 사례와 설명을 종합해 보면 성공적인 온라인 수업을 위한 교수자의 역할이 짐작된다. 교수자는 지식을 일방적으로 전달하기보다 학생들에게 자율성을 부여하여 사이버 공간에서 적극적으로 학습할 수 있도록 돕는 역할을 해야 한다.

학습자들의 성향을 파악하여 다양한 수업 자료를 제공하고 학생들이 즐겁게 참여할 수 있는 교과 관련 활동들을 준비하여 학습자가 자신의 목소리를 낼 수 있도록 도와야 한다. 그렇게만 된다면 좋은 수업 분위기가 조성되는 것은 물론이고, 학생들의 만족도 또한 높아질 것이다.

Tip>

디지털 네이티브(Digital native)

미국의 교육학자인 마크 프렌스키 (Marc Prensky)가 2001년 그의 논문 Digital Native, Digital Immigrants를 통해 처음 사용한 용어이다. 어려서부터 노트북, 스마트 폰, 인터넷, 태블릿PC 등의 디지털 환경에 노출되어 마치 원어민(Native speaker)이 모국어를 쓰듯이 디지털 언어와 장비를 자유자재로 다루는 세대를 일컫는다.

이끌 것인가 vs 함께 찾을 것인가

미국 유학 시절, 부족한 영작문 실력 향상을 위해 존(John) 할아버지께 도움을 받았다. 그분은 학습자와 함께하며 돕는 것이 교수자로서 얼마나 중요한지를 몸소 보여 주셨다. 70대 초반이었던 존 할아버지는 교직에서 은퇴 후 암 환자를 병원까지 태워다 주거나 나처럼 미국에 살면서 영어 구사에 어려움이 있는 유학생들을 위해 자원봉사를 하셨다.

존 할아버지의 영작문 첨삭과 피드백은 온라인으로 소통하며 이루어졌다. 학교 수업과 관련된 보고서를 작성해 존 할아버지께 보내면 피드백을 해 주셨다. 그것을 받아 최종 수정 후 교수님께 제출하는 방식으로 영작 공부가 진행되었다.

영어 토론 수업이 꽤나 어려웠지만, 영작문도 만만치 않았다. 영어 토론은 실수를 하더라도 지나가면 그만이었다. 몸짓이나 표정으로 부족한 언어 실력을 메울 수도 있었다. 하지만 영작문은 달랐다. 하얀 종이 위에 생각이 그대로 표현되는데 사라지지 않고 그 자리에 있어 내가 얼마나 이해했는지, 또 생각이 어느 정도 정리되어 있는지 명확하게 보여 준다.

나로서는 영어 실력도 부족했지만, 비판적인 글 읽기 훈련을 거의 받지 못한 상태였기 때문에 너무 어려운 과제였다. 이런 상황에서 글쓰기 실력과 비판적 사고 능력을 향상시킬 수 있도록 도와주신 분이 존 할아버지다.

그분은 영작문 선생님이었지만 글을 직접적으로 고쳐 주거나 자신의 방식대로 나를 이끌어 가지도 않았다. 다만 글에 대해 다양한 코멘트와 질문을 던져 주셨고, 그것을 바탕으로 생각을 다시 정리해 글을 수정했다. 자주 틀리는 문법과 잘못 사용된 단어도 마찬가지였다. 피드백을 주어 스스로 검토하고 수정하게 하셨지 직접 수정해 주시는 일은 없었다.

처음에 그 과정이 힘들었다. 가뜩이나 잠이 부족해 피곤에 찌들어

온택트, 어떻게 가르칠 것인가?

사는 유학 생활이었는데 그냥 첨삭해 주면 얼마나 좋을까하는 생각이 매번 들었다. 나중에서야 할아버지가 훌륭한 교수자였음을 깨달았다.

학습의 주도권을 학습자에게 부여하고, 끊임없는 질문과 피드백으로 그 지루한 배움의 여정을 함께해 주신 것이다. 끈기와 인내가 없다면 정말 힘든 일이다. 진정한 학습은 교수자가 선두에서 이끌 때보다 옆에서 함께 걸으며 학습자 스스로 찾고 깨달을 수 있도록 도울 때 가능하다. 그 길이 더디고 답답할지라도 교수자가 선택해야 할 바른 길인 것이다.

또한 나는 교수자가 학생들과 함께하고 또 그들의 도움을 받을 수 있을 때 관계가 돈독해지고 학습 동기도 상승할 수 있음을 카자흐스탄에서 경험했다. 카자흐스탄 알마티로 막 이주했을 무렵이었다. 나는 학교와 집을 쳇바퀴 돌 듯 오가고 있었고, 우리 가족은 당시 한국 식당에서 고등어구이와 된장찌개를 먹는 것이 소원이었다.

그때는 알마티가 생소하고 낯설어 한국 음식점이나 식료품점이 어디에 있는지 알 길이 없었다. 게다가 아직 딱히 물을 만한 지인도 없었다. 아무리 지도를 봐도 러시아어로 되어 있어서, 러시아어를 모르는 우리 부부에게는 무용지물이었다.

그러던 어느 날, 수업을 위해 이동하다 몇몇 학생들과 대화할 기회가 있었는데 한국을 좋아하고, 한국 음식에 관심이 많다는 사실을 알게 되었다. 반가운 마음으로 알마티에 한국 음식점이 있는지를 물었고, 급기야 지도를 펼쳐 놓고 식당이 어디에 있는지를 찾기 시작했다.

이국땅에서 살아가는 나 같은 외국인 교수자는 학생들에게 도움을 받을 일이 많다. 학생들과 머리를 맞대고 찾다 보니 학교에서 도보로 5분 거리에 제법 근사한 한국 식당이 있었다. 알마티에 생각보다 많은 한국 식당이 있어서 놀라기도 했다.

한국 식당을 찾는 단순한 일이었지만 학생들과 함께하니 훨씬 재미있고, 빠르게 해결되는 것을 경험했다. 늘 학생들을 이끌어야 한다고 생각했지만 반대로 도움을 받을 수도 있다는 생각의 전환을 하는 계기였다.

카자흐스탄의 공용어인 러시아어를 잘 몰라 학생들의 도움을 받아야 하는 상황이 종종 연출되었다. 인터넷을 통해 수업 관련 정보나 자료를 찾을 때도 학생들의 도움이 컸다. 평소 내성적이고 조용한 학생도 도움을 요청하면 함박웃음을 지으며 기꺼이 함께해 주었다.

뿐만 아니라 온라인 수업을 하면서 디지털 네이티브인 학생들의 도움을 많이 받았다. 테크놀로지 사용에 능숙하고 빠른 검색이 가능한 학생들은 카훗(Kahoot), 니어팟(Nearpod), 스크린캐스트(Screencast-O-Matic)와 같은 비대면 수업 관련 소프트웨어를 찾아 주었다. 또 줌의 화면 공유 기능을 통해 이들 소프트웨어 활용 방법까지 설명해 주는 친절함에 감동을 받기도 했다. 학생과 교수자의 관계가 함께 걸으며 도움을 주고받을 수 있을 때, 학생들과 신뢰 관계가 쌓이고 학생들은 수업 시간에 더욱 활발하게 참여하는 모습을 보여 주었다. 지금은 학생들이 알려 준 다양한 테크놀로지를 활용해 수업을 진행한다. 비록 비

출처 : iStock

온라인 수업

학생과 교수자의 관계가 함께 걸으며 도움을 주고받을 수

있을 때, 학생들과 신뢰 관계가 쌓이고 학생들은 수업 시간에

더욱 활발하게 참여하는 모습을 보여 주었다.

대면이지만 상호 작용이 활발해 즐겁게 수업을 운영하고 있다.

지식이 폭발적으로 증가하고, 지식의 생명력이 짧은 요즘, 교수자가 모든 것을 알아 학생들을 이끄는 것은 불가능한 일이다. 교수자이지만 학생들에게 테크놀로지에 관련된 도움을 요청하고 함께 찾아보자. 교수자에게 도움이 될 뿐만 아니라 학생들에게도 자신감을 줄 수 있다.

독점인가 vs 협력인가

오늘날과 같이 빠르게 변하는 디지털 시대에 교수자의 역할은 과거처럼 읽기, 쓰기, 수학, 과학 등 교과를 가르치는 일에 국한되지 않는다. 미래를 내다보고 학생들이 미래 사회에 필요한 스킬들을 습득하도록 도와야 한다. 또한 졸업 후에라도 계속적인 학습을 통해 고도로 디지털화되어 가는 사회에 적응해 가야 함을 알려 주어야 한다.

그렇다면 미래 사회가 요구하는 소프트 스킬에는 어떤 것들이 있을까? 탁월한 의사소통 능력, 상황을 파악하고 대응하는 통찰력, 공감의 리더십, 협업 능력 등을 소프트 스킬이라 부르며, 이러한 능력은 미래의 성공을 가늠하는 척도로 작용한다. 즉, 뛰어난 소프트 스킬을 가진 사람이 앞으로 성공할 가능성이 높다고 할 수 있다.

지난 2017년, 구글 내부에서 자체적으로 가장 혁신적이고 생산력이 높은 부서를 꼽는 조사를 실시했다. 과학자들로 구성된 그룹이 선정될 것이라는 예상과는 달리 다양한 분야의 전문가로 구성된 그룹이 꼽혔다고 한다.

뛰어난 소프트 스킬을 지닌 몇몇 팀원들이 훌륭한 협업을 이끌어 냈던 것으로 나타났다. 반면 과학자들로 이루어진 그룹은 소프트 스킬이 약해 협업에 어려움을 겪었다고 한다.

대학 강좌의 주요 온라인 플랫폼 무크의 하나인 에덱스도 트위터를 통해 설문 조사를 실시했는데 구글의 조사와 비슷한 결과를 보였다. 참여자들은 협업 능력을 일터에서 가장 중요한 소프트 스킬이라 답했고, 그 다음으로 비판적 사고, 발표 능력, 설득하는 글쓰기 실력을 꼽았다.

조사 결과들을 종합해 보면, 미래 사회에 성공적으로 적응하기 위해 소프트 스킬이 필수적이며 특히 협업 능력이 가장 중요하다. 따라서 교수자는 학습자가 사회에 나가기 전에 교육을 통해 협업 능력을 충분히 발전시킬 수 있도록 수업을 설계해야 한다.

교실에서의 오프라인 수업을 분석해 보면 교수자 자신이나 특정 학생들이 수업을 독점하는 일이 빈번하다. 이런 경우 수업 활동을 독점하는 그룹은 물론이고 조용히 있는 학생 그룹 모두 협업하는 방법을 배우지 못하는 일이 발생한다.

이를 방지하기 위해서는 먼저 교수자 스스로 수업 시간을 독점해서는 안 된다는 인식을 해야 한다. 수업의 주인공은 학생들이라는 생

협업 능력

자신감

자기조절 능력

스트레스 내성

창의성

의사소통 능력

유머 감각

자기표현

책임감

분쟁 해결 능력

공감력

시간 관리

자발성

긍정적인 태도

관리 기술

미래 사회가 요구하는 소프트 스킬

각으로 최대한 학습자들을 참여시키는 방안을 고민해야 할 것이다.

프로젝트 기반 학습(Project-Based Learning), 문제 중심 학습(Problem-Based Learning), 탐구 중심 학습(Inquiry-Based Learning), 도전 기반 학습(Challenge-Based Learning) 등이 학생 사이의 협업을 촉진하고, 수업에 참여토록 하여 지식을 확산시킬 수 있는 교수 방법이다.

또한, 그룹의 목표를 완수하는 과정에서 참여하지 않는 학생이 없도록 역할을 잘 분배해 주는 것도 중요하다. 앞서 언급한 교수 방법을 교과의 특성이나 내용에 맞게 잘 활용한다면, 학습자들의 협업 능력은 대단히 견고해질 수 있다.

미국에서 박사 과정에 있을 때의 에피소드다. 당시 메리 맥비(Mary McVee) 교수님은 학습자들의 참여를 독려하는 훌륭한 비법을 가지고 계셨다.

어느 수업 시간, 교수님과 여덟 명의 학생이 열띤 토론을 벌이느라 세미나 실은 한껏 상기된 분위기였다. 하지만 나는 원탁의 한 쪽 끝에 조용히 앉아 가끔씩 주변을 둘러볼 뿐이었다.

2004년부터 2006년까지 같은 학교에서 석사 학위를 취득했음에도 불구하고, 박사 첫 학기 수업은 만만치 않았다. 읽어야 할 논문과 수업 자료도 너무 어려웠고, 토론의 수준도 굉장히 높았다.

친구들이 신나게 토론하고 있는 내용을 이해하기 어려웠고 어느 시점에 끼어들어야 할지 대략 난감이었다. 무슨 말이라도 해야 한다는 압박감과 무슨 말을 해야 할지 모르는 내 자신이 견디기 어려웠다.

세미나실의 공기는 또 왜 그렇게 무거운지 그 세미나실을 벗어나 맑은 공기를 마시고 싶었다. 석사 기간 동안 정성껏 쌓아 놓은 지식은 온데간데없이 자신감이 한순간에 무너져 내리는 경험을 했다.

지식 전달 위주의 한국식 교육 시스템에서 나름 우등생이었다고 자부한다. 교과 내용을 꼼꼼히 체크하여 기록하고, 외우는 것을 게을리 하지 않았으며 시험 성적도 잘 나오는 편이었다. 하지만 그 이상도 이하도 아니었다. 딱 그 정도 수준의 학생이었다.

날카로운 질문과 수준 높은 토론으로 세 시간 분량의 세미나를 빼곡하게 채워 나가는 미국식 교육에서는 거의 낙오자였다. 석사 과정까지는 어떻게라도 숨길 수 있었지만 박사 과정부터는 나의 짧고 얄팍한 지식수준이 가감 없이 드러나고 있었다. 부끄럽고 자존심 상하는 일이었다.

하지만 어쩌겠는가. 날밤을 세워 읽고, 정리한다고 해결될 일이 아니라는 것쯤은 금방 알 수 있었다. 어느 정도는 메울 수 있었지만 한계점이 분명했다. 어린 시절부터 질문하는 것이 습관화되어 있고, 비판적 책 읽기와 토론이 몸에 배어 있는 친구들과 어깨를 나란히 한다는 것은 욕심임을 잘 알고 있었다.

의도치 않게 정립된 조용한 이미지로 4주를 버텼다. 너무 가만히 있기가 영 찜찜하여 가끔 질문을 하거나, 기회를 잡아 두세 문장 정도로 의견을 말하는 것이 전부였다.

4주차 수업의 마지막 10분을 남겨 두고, 수업을 담당하고 계시던 메리 맥비 교수님께서 갑자기 내 이야기를 시작하셨다. 이 세미나에서 나의 존재가 얼마나 고마운 존재였는 지에 대한 이야기였다.

"우리는 이 강의실에 수진이가 함께 있음에 감사해. 늘 새로운 관점에서 생 각할 수 있는 질문을 던져 주고, 한국과 아시아 문화권에서 배울 수 있는 다양한 통찰을 나누어 주어 이 수업이 훨씬 더 풍성해지고 있어. 앞으로도 수진이의 재 미있는 질문들을 기대해 볼게."

메리 맥비 교수

교수님이 이야기를 마치자 친구들도 모두 나의 존재가 고맙다고 이야기해 주었고, 모두들 아무렇지 않게 세미나실을 떠났다. 나는 텅 빈 세미나실에서 벅찬 감정으로 눈물이 흘러내려서 한동안 그 자리에 그대로 있었다. 모두 감사하고 또 감사했다.

그 이후로도 박사 과정을 마무리할 때까지 여러 번의 고비가 있었 다. 하지만 내 존재에 대한 고마움을 표시해 주시고, 한 인간으로 세 워 주신 메리 맥비 교수님의 감동적인 멘트를 마음에 새기며 무사히 졸업할 수 있었다.

함께하는 모든 학생을 존중하고, 서로의 협업을 원하는 교수자라 면 이런 노력도 기울일 수 있어야 한다. 온라인 수업이라도 일맥상통 하는 부분이다.

수직인가 vs 수평인가

우리 집 삼형제는 영국에서 제작된 어린이 프로그램 〈페파피그 (Peppa Pig)〉의 엄청난 애청자이다. 페파피그 관련 영상물과 책이라면 가리지 않고 섭렵하는 편이었다. 매일 페파피그 영상을 시청한 지 1년 이 다 되어가다 보니 이제는 거의 모든 에피소드를 외울 정도가 되었 다. 나역시 종종 시청하게 되면서 대부분의 내용을 알 수 있었다.

최근 삼형제와 페파피그 그림책 시리즈를 읽고 있었다. 시리즈 중 에 주인공 페파가 엄마를 소개하는 『나의 엄마(My Mummy)』라는 책에서 다음과 같은 문장을 발견했다.

"My mummy always treats me and George like Big People."
우리 엄마는 나와 동생 조지를 마치 어른처럼 대해요.

페파가 엄마에 대해 다양하게 묘사했는데, 이 문장은 엄마가 페파 와 페파의 남동생 조지를 어떤 태도로 대하는지 명확하게 보여 준다. 페파와 조지가 어린 나이임에도 불구하고 엄마는 아무것도 모르는 철 부지로 보지 않고, 인격적으로 존중해 준다는 의미이다.

이 문장을 읽으며 우리 아이들뿐만 아니라 자식과도 같은 나의 학 생들이 떠올랐다. 그리고 무릎을 탁! 칠 만큼 큰 깨달음을 얻었다. 나 는 과연 학생들을 어떤 태도로 대했는지 돌아보는 시간이었다.

나는 과연 우리 아이나 학생들을 수평적인 관계로 보고, 지식을 나

온택트, 어떻게 가르칠 것인가?

누고 소통했던가? 아니면 나보다 부족한 약자로 여겨 수직적인 관계에서 일방적으로 지식을 전달하고 충고를 했던가? 부끄럽게도 나는 후자에 가까웠다.

학생들을 거의 아무것도 모른다는 생각으로 A부터 Z까지 알려 주려고 했다. 겉으로 보기에는 친절한 교수자로 보였을지 모르지만 그런 행동의 기저에는 나의 지식과 경험을 전달해야 한다는 생각이 있었다.

수업 시간마다 전달할 내용이 그렇게 많았던 것도 학생들과의 소통이 아닌 전달에 초점을 두고 있어서였다. 다양한 소그룹 활동과 토론이 있었지만 수박 겉핥기식의 학습자 중심 수업이 아니었는지 반성해 본다.

교수자로서 좋은 수업을 만들기 위해 자료를 수집하고, 교수 방법과 교재를 연구하는 일을 비롯해 테크놀로지 활용법을 배우는 것 등은 더 나은 수업을 위해 중요한 일이다. 하지만 무엇보다 중요한 것은 학생들을 어엿한 인격체로 존중하는 교수자의 태도임을 다시 한번 기억해야 한다.

지식의 권위를 세우기보다 함께 배우는 관계로, 잘못을 지적하고 비난하기보다 공감하고 이해하는 수평적인 관계를 만들어 가야 한다. 이를 위해 교수자는 상호 작용이 있는 온라인 수업을 위해 최선을 다해야 할 것이다.

교수자의 개입을 최소화하고, 학습자들끼리 자유롭게 소통 및 활동하는 공간을 마련해 주는 것이 중요하다. 줌 수업의 경우 소그룹 회

의 기능을 이용하면 실제로 만나지는 못해도 깊은 나눔을 통해 창의
적인 아이디어를 창출해 낼 수 있다.

또한 교수자가 학생들과 수평적인 관계로 원활한 소통을 하기 위
해서는 개별 학생들을 잘 파악하고 관리해야 한다. 일괄적으로 지식을
전달하기보다 수준별 학습을 더 체계적으로 제공해야 하는 것이다.

이렇게 학생들의 강점과 약점을 파악하는 과정은 개별 학습자가
존중받는다는 느낌을 주게 된다. 또한 교수자와 학습자 간의 신뢰도
가 쌓이면서 자연스럽게 학업 성취도가 높아지리라 확신한다.

온라인 수업이라고 해서 다르지 않다. 교수자의 태도는 학생들에
게 그대로 전달된다. 교수자가 학생들의 연령에 관계없이 인격적으로
존중하는 태도로 대하면 비대면이라 할지라도 활발한 상호 작용이 일
어나고 수업 분위기도 좋아지게 될 것이다.

밀어붙일 것인가 vs 동기를 부여할 것인가

나는 대한민국의 공교육을 받으며 성장했기에 시스템 안에서 부
여 받은 일들을 처리하는데 익숙한 편이었다. 또한 학습한 내용에 대
해 비판적으로 사고하거나 질문하기보다 통으로 외워 시험에서 고득
점을 획득하는데 뛰어났다.

비록 우등생이긴 했지만 미래 사회의 핵심 역량으로 손꼽히는 창
의적이거나 비판적 사고에는 취약한 편이었다. 그래서 질문을 받으면

온택트, 어떻게 가르칠 것인가?

나의 대답은 누구나 예상 가능하고 틀에 박힌 편이다.

학교 교육을 받는 동안 정해진 스케줄대로 생활하였고, 스스로 결정하고 통제할 수 있는 자율성이 거의 없었다. 그래서 결정해야 할 상황에 직면하면 선택권을 다른 사람에게 넘겨 버리기 일쑤였다.

만약 학창 시절 충분히 자율성이 주어졌다면 지금의 나는 전혀 다른 모습이지 않았을까? 창의적인 시도를 통해 획기적인 영어 습득 이론을 하나 정도 발표하지 않았겠는가 하는 엉뚱한 생각을 해 본다.

이와 관련하여, 데시와 라이언은 〈자기결정성이론(Self-Determination Theory)〉을 제시한 바 있다. '자율성-행복감-동기부여-창의적 사고' 네 가지가 기본이 되는 이론으로, 자신이 자율적으로 선택하고 행동할 수 있을 때 행복감과 동기의 질이 높아진다고 주장한다.

다시 말해 누군가에 의해 조절되고 통제되는 것이 아니라 자기 자신이 스스로를 통제하면 행복감이 높아져서, 결과적으로 학습이나 일을 수행했을 때 창의적인 성과를 가져온다는 것이 중심 내용이다.

실제로 아이들을 밀어붙여서 공부를 하게 하거나 특정 행동을 제한하는 데는 한계가 있다. 자기결정성이론을 적용하여 학습자에게 자율성을 부여해 동기의 질을 높이고 자기 주도 학습을 이끄는 편이 현명한 교수자의 태도이다.

나도 학창시절 선생님의 한마디에 동기 부여가 되어 지금의 자리에 오게 되었다. 중학교 1학년 때 영어 선생님은 일주일에 한 번 정도 영어 교과서의 본문을 외우는 숙제를 내 주셨다. 선생님이 확인하지 않더라도 집에서 혼자 테이프를 들으며 원어민 발음을 흉내 내며 읽고 또 읽었던 기억이 난다.

당시 원어민 발음이 담긴 녹음 파일은 흔하지 않았다. 서점에서 교과서 본문이 녹음된 테이프 세트를 팔기는 했지만 워낙 고가였다. 조르고 졸라 엄마와 함께 서점에서 교과서 테이프 세트를 사던 날에 너무 기뻐서 잠을 이루지 못했다.

그러던 어느 날이었다. 영어 시간에 어학실습실에서 각자 자리에 앉아 헤드셋을 끼고 듣기와 말하기 연습을 하게 되었다. 그 전 수업 시간에 교과서 본문 외우기 숙제가 있었는데, 선생님이 외워 볼 사람은 손을 들라고 했다. 여느 때와 같이 손을 드는 사람이 아무도 없었고, 한동안 어학실은 정적으로 가득했다.

선생님은 하는 수 없이 그날 날짜에 맞춰 학급 번호가 2로 끝나는 친구들을 소환하기 시작했다. 2번, 12번, 22번… 그러나 지목된 친구들이 제대로 외우지 못했다.

"Number 32!"

낮지만 침착하고 힘있는 선생님의 목소리가 32번을 불렀다. 나였다. 내가 32번이었다. 약간 긴장되었지만 내심 선생님 앞에서 열심히 공부한 내용을 외울 수 있어 기쁘고 설레었다. 원어민 발음을 들으며 읽고 또 읽었던 본문을 차분하게 외웠다. 중간에 목소리가 살짝 떨리긴 했지만 전혀 틀리지 않고, 발음도 제대로 예쁘게 마무리 했던 기억이 난다.

"이렇게 잘하면서, 왜 손을 들지 않았니? 정말 잘했다."

선생님이 별안간 우리말로 칭찬을 해 주셨다. 원래 수업 시간에 거의 영어로 진행하셨는데 우리말로 칭찬을 건네셔서 다들 놀란 눈치였다.

표현하지는 않았지만 노력을 알아봐 주신 선생님의 칭찬과 스스로 해냈다는 뿌듯함이 섞여 그때의 기쁨은 이루 말할 수 없었다. 아직도 그때 그 어학실에서 느꼈던 행복한 감정이 내 안에 살아 숨쉬고 있다.

그 시절 어학실에서의 칭찬을 발판삼아 엉금엉금 여기까지 왔다. 영어교육과에 진학하고 미국 유학에서 영어교육 석사에 박사까지 마쳤다. 지금은 영어교육과 교수를 하며 미래 교사를 양성하고 있으니 나의 첫 영어 선생님의 영향력은 한 사람의 꿈과 삶을 바꿀 만큼 그렇게 대단했다. 칭찬에서 비롯된 자율성이 영어 공부에 대한 동기를 부여하고, 스스로 공부할 수 있도록 이끈 것이다.

비슷한 맥락으로 2005년 하버드대학 아마빌 교수 연구팀은 행복감은 창의성에 큰 영향을 미치며, 창의성은 다시 행복감을 주어 두 요소가 선순환의 관계에 있음을 밝혀냈다. 다시 말해 밀어붙여서 무언가를 이루어 나갔던 과거의 교육에서 벗어나 학생들에게 스스로 결정할 수 있는 자율성을 부여한다면 행복하고 창의적인 미래 인재로 성장할 수 있다.

이밖에 2001년 프레드릭슨은 연구를 통해 긍정적이고 행복한 정서 상태일 때 하고 싶은 일이 많아진다는 사실을 밝혀냈다. 이 연구의 결과는 활발한 비대면 수업의 진행을 위해 시사하는 바가 크다.

실시간 온라인 수업을 진행하는 교수자라면 학생들에게 질문을 던졌는데 피드백이 무반응으로 돌아와 당황했던 경험들이 있으리라 생각된다. 물론 나도 비슷한 경험을 한 적이 있고, 민망함을 무마하느라 질문도 내가, 답변도 내가 하고 말았다.

이 상황을 프레드릭슨의 연구를 적용하여 해석해 보면 약간의 위로를 받는다. 학생들의 무반응이 단지 수업에 관심이 없어서가 아니라 정서적으로 불안하거나 행복감이 낮아진 상태여서 생각이 쉽게 떠오르지 않고, 창의적 사고를 할 수 없기 때문이라고 해석할 수 있다.

반면 학생들이 기분이 좋고 정서적으로 안정된 상태라면 교수자가 어떠한 질문을 해도 다양하고 창의적인 피드백을 할 가능성이 높아진다. 물론 학습자의 경험이나 배경지식이 질문에 대한 대답을 결정지을 확률이 높다.

하지만 낯선 질문에도 유연하게 답할 수 있는 능력은 정서적 만족이나 행복감과 직접적인 관련성이 있다. 성공적인 온라인 수업의 진행을 위해서는 학생들에게 자율성을 주어 행복감을 부여하고 이에 따른 결과로 내적 동기 유발 및 창의적 사고 향상을 기대해 볼 수 있겠다.

시대가 빠르게 변하고 있다. 그에 따라 학생은 물론이고 교수자의 역할이나 교수 방법도 변화가 불가피하다. 이제는 학생들을 밀어붙여 교수자가 원하는 성과를 이루어내는 시대는 지나갔다. 참된 교육을 위한 동기 부여는 자율성에서 온다. 좀 더 효율적인 온라인 수업을 위해, 학습자에게 자율성을 부여할 때가 온 것이다.

말할 것인가 vs 들을 것인가

원격 수업이 본격화되고 한 달 정도 지났을 때, 비대면 수업의 만족도를 알아보기 위해 학생들과 질의응답 시간을 가진 적이 있다. 갑자기 시작된 온라인 수업임에도 불구하고 생각보다 괜찮다는 반응이 나왔다. 또 처음에는 낯설었지만 이제 제법 적응이 되었다고도 대답했다.

그럼에도 불구하고 대면 수업의 직접 소통이 주는 친근함과 소속감을 그리워하는 경향을 보였다. 뿐만 아니라 온라인 수업이지만 다양한 활동을 통해 쌍방향 수업을 진행하고자 애쓰는 나에게 감사를 표하기도 했다.

질의응답 시간을 통해 적잖게 놀랐던 부분이 있다. 의외로 학생들이 자신의 삶을 나누고, 질문에 대해 개인적인 답변을 하는 데 긍정적으로 반응한다는 것이다. 삶을 나누며 힘든 부분에 대한 해결책을 스스로 찾기도 하고, 때로는 서로 조언을 하기도 하면서 매우 의미 있는 시간이 되었다.

온라인 대화 중 알게 된 또 하나의 안타까운 사실은, 학생들이 학교에 가지 않아서 자주 고립감과 외로움을 느낀다는 것이었다. 친구들이나 교수자와 소통을 하지 않을 때는 학교생활을 잘하고 있는지에 대해 불안감에 사로잡히기도 한다고 했다.

이 때문에 학생들은 온라인상의 다양한 채널을 통해 수업에 대한 정보를 지속적으로 공급받기를 원했다. 소소한 일상에 대해서도 자주 이야기를 나누며 단절되었다는 느낌과 불안감이 해결되기를 기대했다.

이런 대화를 나누며 교수자로서 비대면을 뜻하는 언택트(Untact)를 넘어, 학생들과의 온택트(Ontact)를 통한 온라인 소통에 시간과 노력을 아끼지 말아야 한다고 생각하게 된다.

온택트 소통 시 중요한 것은 '들어주기'를 기본으로 하는 공감력이 있어야 한다는 것이다. 교수자들에게 흔히 있는 실수는 학생들에게 조언을 해 준다는 명목으로 대부분의 시간을 교수자 자신의 이야기로 채운다는 점이다.

그동안 대학 교육의 질이나 수업 만족도를 다룬 국내 연구의 대부분은 교육의 주체를 학습자가 아닌 교수자로 제한해 왔다. 교수자의 강의법이나 태도와 같은 행위 요소를 중심으로 서술되는 경우가 많았다. 교수자의 강의법과 태도가 학생들의 학습 결과에 지대한 영향을 미친다는 것이다.

그러나 교육은 교수자 혼자만의 노력으로 이루어지는 것이 아님을 인식해야 한다. 수업은 교수자와 학습자의 활발한 의사소통을 통해 완성해 가는 참여의 과정이자 변화의 과정이다. 그것이 교과와 관련된 내용이든, 개인적인 내용이든 활발하게 이루어지기만 한다면 서로 간에 친밀감과 신뢰감을 높여 수업의 질을 높일 수 있다.[4]

---

4) 송충진, "대학에서의 교수·학습 활동과 의사소통, 수업 만족도에 관한 연구", 아시아교육연구, Vol. 15 No. 2, 2014, pp. 171-200

온택트, 어떻게 가르칠 것인가?

24H SUPPORT · HELP CHAT · CALL CENTER · ADVICE · INFORMATION · SUPPORT · PHONE CALL · CHAT SUPPORT · VIDEO CHAT · FAQ · HANDBOOK · E-MAIL SUPPORT · TECH SUPPORT · CONSULTANT · WEB SUPPORT · GUIDANCE

온택트로 학생들 이야기 들어주기

출처 : iStock

앞서 질의응답 시간에 언급했듯이 학생들은 자신의 삶을 나누고 싶어 한다. 누군가 따뜻한 마음으로 공감하며 이야기를 들어준다면, 대부분의 문제는 이야기를 풀어 놓는 가운데 해결되기 마련이다.

실제로 비대면 수업에서 가장 큰 문제로 대두된 부분이 학생 관리와 상담이다. 대면 수업은 만남의 기회도 많고, 면담을 통해 수업 관련 내용이나 개인적인 어려움, 진로 상담 등을 할 기회도 많았다. 하지만 비대면 수업이 시작되면서 학생들의 어려움이나 진로에 대한 고민을 들어주고 도움을 주는 데 소홀해졌다.

온택트로 학생들의 이야기를 듣고 공감해 주는 것은 그리 어려운 일이 아니다. 그리고 이것은 언택트 상황 속에서도 학생들이 안정감과 소속감을 느끼고 수업에 몰입할 수 있게 하는 데 아주 중요한 요소가 되므로 소홀히 여겨서는 안 된다.

온라인 교육 환경은 대면 교육 환경과는 다른 특성을 가진다. 따라서 대면 교육 시 적용한 이론을 그대로 적용하기에는 무리가 있다. 하지만 이제 막 온라인 교육이 본격화되었기 때문에 대면 교육에 적합한 이론을 그대로 적용할 수밖에 없는 실정이다.

그러나 명백한 것은 실시간 상호 작용이 즉각적인 의사소통으로 이루어진다는 점이다. 따라서 비대면 수업이라도 대화창을 통해 학생들의 답답함을 바로 해소시킬 수 있어야 한다.

실시간 온라인 수업이 아닐 경우에는 온라인 개인 상담, 또는 집단 상담의 시간을 정해 둔다면 더욱 좋다. 교수자와 학생이 온택트 할 수만 있다면 비대면 수업이 훨씬 더 성공적일 수 있다.

How to Design
Highly Interactive
Online Classes

새로운 교수법,

플립 스쿨 Flip SCHOOL

신나는 거꾸로 학습, 플립 러닝

누군가 내게 학창 시절의 전성기가 언제냐고 묻는다면 초등학교 5학년 때였다고 말하고 싶다. 어린 시절이었으니 그리 대단할 것이 없지만 학창 시절을 통틀어 가장 빛난 시기였다. 학급 임원으로서 다양한 활동을 하게 되었고 인정을 받았으며, 공부도 곧잘 하는 편이었으니 자신감이 높았다.

그러던 중 담임 선생님이 전근을 가고, 새로운 남자 선생님이 담임이 되었다. 예전 선생님과 행복한 학교생활을 하던 나로서는 변화가 그리 달갑지 않았다. 게다가 새로 부임하신 담임 선생님은 지금까지 경험했던 선생님들과 너무 달랐다. 거의 혁명이라 느껴질 만큼 새로운 교수 방법들을 시도해서 그런지 아직도 그때의 교실 상황이 눈에 선하다.

선생님은 가장 먼저 교실의 책상을 모둠별로 배치하게 했다. 우리 교실은 원래 두 명씩 일렬로 앉는 4개의 분단으로 되어 있었다. 그런데 선생님은 6명이 한 모둠이 되어 공부하는 구조로 바꾸었다.

더 놀라웠던 것은 누구도 자기 자리가 정해져 있지 않다는 사실이었다. 아침에 등교한 순서대로 어디든 앉고 싶은 자리에 앉으면 된다고 해서서 놀라고 당황했다.

갑자기 주어진 엄청난 자유에 친구들의 반응은 제각각이었다. 마음대로 앉을 수 있어 신난 친구가 있는 반면 짝꿍에 대한 고민으로 힘들어 했던 친구도 있었다. 늦게 등교하는 친구들은 자리에 대한 불평

이 컸고, 선생님의 새로운 시도가 내키지 않았던 나 같은 친구도 있었다. 우리 반은 그야말로 혼돈 그 자체였다.

그런데 더 큰 충격이 기다리고 있었다. 수업 시간에 선생님이 수업을 하지 않으셨다. 학습할 내용의 정해진 분량을 집에서 공부해 오도록 하고, 학교에서는 모둠별로 앉아 친구들과 문제를 풀도록 했다. 모르는 것은 옆 친구 또는 선생님께 물어보라고 하셨다.

처음에는 이러한 수업 방법이 어색하고 힘들었다. 어떻게 공부를 해야 하는지, 친구들이 나를 어떻게 가르칠 수 있는지, 또 선생님께는 무엇을 물어야 하는지 등등 무엇 하나 분명한 것이 없었다. 평온했던 교실을 뒤흔드는 선생님이 그저 밉기만 했다. 왜 그렇게 해야 하는지 도저히 이해할 수 없었다.

하지만 그 혼란 가운데서 점점 질서가 생기고 안정을 찾아갔다. 신기하게도 선생님의 설명을 듣기만 하던 때보다 낫다는 생각도 들었다. 집에서 스스로 예습을 한 후 학교에서 모둠으로 협동 학습을 하는 것이 교과 내용을 이해하는데 훨씬 효과적이라는 사실을 깨닫기 시작했다.

아, 공부는 이렇게 하는 것이구나 하고 학습 방법에 대해 깨닫기도 했다. 선생님이 모든 것을 설명해 주지 않아도 혼자 공부할 수 있고, 같은 또래지만 친구들이 내가 모르는 것을 설명해 줄 수 있다는 사실도 놀라웠다.

담임 선생님의 새로운 교수 방법 덕분에 학습 방법을 터득하게 되었고, 그 이후로 어렵지 않게 학업을 성취해 나갈 수 있었다.

지금 되돌아보니 새로 오신 담임 선생님은 그 유명한 거꾸로 교실(Flipping Classroom), 다른 말로 플립 러닝(Flipped Learning)을 시도하셨던 것이다. 삼십여 년 전, 한 초등학교 교실에서 조그만 꼬맹이들에게 자율성을 허용하고, 플립 러닝을 시도했던 담임 선생님은 그야말로 혁신 교사였다.

초등학교 시절 이야기에서 짐작할 수 있듯이 플립 러닝은 교육의 새로운 모델이다. 모든 수업은 학생이 스스로 학습하며 교수자는 학습 과정에 맞추어 콘텐츠를 제공한다.

학생들은 교수자가 제공한 온라인 동영상 등 다양한 형태의 자료 또는 텍스트를 통해 각 가정에서 주요 원리와 개념 등을 익힌다. 교실에서는 모둠으로 협업하여 토론, 실험, 실습, 관찰 등 다양한 활동에 미리 학습한 내용을 적용해 보는 방식으로 진행된다.

인터넷 강국인 우리나라는 인터넷 기반의 정보통신 기술이 고도로 발달해 있어 교육 현장에도 상당한 영향을 끼친다. 이에 힘입어 등장한 것이 바로 블렌디드 러닝(Blended Learning)이다. 온라인 수업을 통해 이론을 습득하고 오프라인에서는 실습 및 토론을 중심으로 수업을 진행하는 방식이다. 플립 러닝은 이 지점에 위치한다. 다만 복습이나 반복 학습을 위해 동영상을 보는 것이 아니라 예습 위주로 사용한다는 특징이 있다. [5]

---

5) 송승아, "플립 러닝 전략적 수업 설계 및 방법론", 예술인문사회 융합 멀티미디어 논문지 vol. 7, no. 3, 통권 29호, 사단법인 인문사회과학기술융합학회, 2017, pp. 851-859(9 pages)

출처 : iStock

거꾸로 교실

기존의 교실 모습을 완전히 뒤집어엎은 플립 러닝은

학습자의 능동적인 참여가 필수 조건이다. 그도 그럴 것이

가정에서 스스로 학습을 해 와야 학교 수업에 참여할 수 있다.

전통적인 교수 방식은 교사가 중심이 되며 지식 암기와 표준화가 주요 학습 목표인 경우가 많다. 이에 반해 미래의 교육 모델인 플립 러닝은 학습자가 중심이 되어 이미 공개된 지식을 이용해 실제 상황에 적용해 보고, 이를 바탕으로 새로운 것을 창조하는 데 그 목적이 있다.

기존의 교실 모습을 완전히 뒤집어엎은 플립 러닝은 학습자의 능동적인 참여가 필수 조건이다. 그도 그럴 것이 가정에서 스스로 학습을 해 와야 학교 수업에 참여할 수 있다. 팀원들과 활발하게 의견을 나누고 협업할 수 있어야 주어진 과업 수행이 제대로 이루어진다.

이 부분은 온라인과 오프라인 수업을 병행하지 않고, 온라인 수업만으로도 충분히 시도해볼 수 있다. 수업 시간 전 학생들이 동영상 강의를 통해 미리 학습을 하고, 정해진 분량의 과제를 수업 전까지 업로드 하는 방식이나 수업 중 간단한 퀴즈를 통해 예습 여부를 확인할 수도 있다. 오프라인 수업의 영역은 실시간 온라인 수업에서 단체 채팅 창을 통해 문자적으로 소통을 하거나 화상 채팅을 하는 방법으로 진행하면 무리가 없다.

플립 러닝에서는 협업이 강조된다. 이 부분은 추후 학생들이 성공적인 사회생활을 하는데 기여하는 필수 요소이며, 소프트 스킬 및 커뮤니케이션 능력 발달로 이어진다. 또한 협동 프로젝트의 수행과 문제 해결 과정을 통해 학습자의 창의력과 비판적 사고력의 향상을 도모할 수 있다. 스스로 학습해야 하므로 시간 관리 능력은 물론 자발적 학습 능력도 키울 수 있다.

플립 러닝의 장점은 이뿐만이 아니다. 교수자로부터 미리 제공 받은 학습 자료와 동영상을 개인의 속도에 맞추어 학습할 수 있다는 점, 이해가 느릴 경우 반복 학습이 가능하다는 점이 전통적인 교실의 획일화된 수업과의 차별점이다.

이처럼 플립 러닝은 미래 사회의 인재가 갖추어야 할 협업 능력, 소통 스킬, 창의적이고 비판적인 사고 등을 두루 섭렵할 수 있는 이상적인 학습 모델이다.

퍼스널 브랜딩으로 이어 주는 디지털 스토리텔링

급변하는 시대에 교수자가 교육을 잘하기 위해 꼭 알아야 할 트랜드 중 하나가 바로 퍼스널 브랜딩(Personal Branding)이다.

퍼스널 브랜딩은 자신을 브랜드화하여 특정 분야를 언급했을 때 그 사람만을 떠올릴 수 있도록 만드는 과정이다. 다시 말해 퍼스널 브랜드는 오직 그 사람을 통해서만 나올 수 있는 대체 불가한 브랜드인 셈이다.

보다 학술적으로 접근하면 타인의 인식 속에 자리 잡고 있는 개인의 특정한 신념과 가치에 대한 이미지를 개인이 가지고 있는 재능이나 전문적인 능력, 이미지의 총체로 남과 나를 구별시켜 주는 핵심 가치를 퍼스널 브랜드라고 정의할 수 있다.[6]

---

6) 윤소영, 박길순, "퍼스널 이미지(Personal image)의 형성 요인 및 구성요소에 관한 탐색적 연구", 한국생활과학회 학술대회논문집, 2010, pp149-151.

우리는 정보의 과잉 시대를 살고 있다. 더 이상 획일성이 아닌 다양성을 추구해야 한다. 혼밥(혼자 밥 먹는 사람), 혼술(혼자 술 먹는 사람), 1인 가구, 1인 기업 등 미니멀 라이즈 형태의 삶이 증가하는 것도 이와 무관하지 않다.

개인은 각각 다양한 색을 띄고 있다. 다양성이 주목받는 이 시대에 개인이라는 존재의 확립이 무엇보다 중요하며, 이는 자신을 브랜딩하지 않는다면 생존하기 어렵다는 의미이다.

이러한 시대의 흐름은, 팬데믹 이후 교육의 뉴노멀(New Normal)에 반영될 것으로 예상된다. 뉴노멀이란 시대의 변화에 따라 새롭게 떠오르는 기준이나 표준을 말하는데, 과거에는 비정상적이던 일이 점차 정상으로 받아들여지는 것도 이에 속한다.

이를테면 교육의 뉴노멀로 온라인 수업이 확대되고, 학생이 수업의 능동적 주체가 되며, 교수자는 지식을 전달하기보다 이미 개방된 지식을 공유하고 재창출하게 될 것이다.

더 중요한 것은, 원격 교육이 실시되면서 개별 학생이 중요시 되었다는 점이다. 이는 1차 산업혁명 이후 오늘에 이르기까지 지식을 표준화하며, 산업 현장에서 필요한 인력 양성에 집중했던 것과는 상반되는 내용이다.

기업이 요구하는 기준에 맞는 인재 양성을 위해 일괄적인 교육을 하고, 또 비슷한 인재를 배출했던 시대는 이제 막을 내리게 되었다. 뿐만 아니라 원격 수업이 학생들에게 뜻밖에 학습 자율권을 모두 부여하는 결과를 가져왔으며, 앞으로 개인 맞춤형 수업이 주류가 될 거라고 예측된다. 이런 교육의 뉴노멀은 앞서 언급한 개인을 브랜드화하는 퍼스널 브랜딩 시대와 짝을 이룬다.

그렇다면 퍼스널 브랜드는 도대체 어디에서 오는가? 그것은 바로 자신만의 스토리에서 온다. 남이 가지고 있지 않은 개인의 스토리는 독창적인 콘텐츠가 되고, 경쟁력이 되며 차별화의 근거가 된다.

다른 사람과 비교하거나 따라할 필요도 없다. 그럴수록 자신이 좋아하는 자신만의 이야기를 확립하여 브랜드화하기 어렵기 때문이다.

올해 봄 학기, 초급 한국어 수업에서 퍼스널 브랜딩의 기본이 되는 스토리텔링을 주요 수업 활동으로 활용했다. 원격으로 진행되었기에 상호 작용을 촉진할 수 있도록 다양한 디지털 활용을 독려했다.

학생들은 디지털 스토리텔링(Digital Storytelling)을 통해 수업 중 배운 한국어를 사용하여 자신만의 이야기를 풀어내는 연습을 해 보았다. 한국어를 배운 지 두 학기째 접어드는 학생들이었기에 고차원적인 주제는 피했다. 가급적 주변에서 일어나는 일상의 스토리를 가지고 디지털을 활용해 발표하도록 했다.

학생들이 주로 선택한 주제는 자기소개, 나의 꿈, 나의 가족, 나의 아침 루틴, 코로나 사태가 끝나면 하고 싶은 일 세 가지' 이렇게 총 다섯 가지였다.

디지털 네이티브인 학생들은 예상했던 것보다 훨씬 더 테크놀로지 활용에 자유스러웠다. 자신만의 독특한 스토리에 다양한 디지털을 입

온택트, 어떻게 가르칠 것인가?

스토리텔링

혀 당장 브랜드화해도 될 만큼 완성도가 높고 흥미롭게 발표하였다.

학생들은 이렇게 진행한 수업에 대해 디지털 스토리텔링을 준비하는 과정 자체가 흥미로워 어려운 한국어도 쉽게 배울 수 있었다고 평가했다.

교수자인 나 역시 학생들 개인의 스토리를 들으며 개별 학생에 대해 더 깊이 알게 되었다. 성공담과 실패담 등 다양한 스토리 라인은 발표 과정에 시청자의 감성을 자극하도록 효과적인 대화 방법을 구사하는 데까지 발전되었다.

교수자로서 대단히 만족스러운 수업이었다. 원격 수업에서의 디지털 스토리텔링 기법 활용은 앞으로 미래 사회를 살게 될 학생들이 자신만의 스토리를 브랜드화할 수 있는 능력을 확립해 줄 것이라 기대한다.

말로 생각을 표현하는 시간, 온라인 소통

막내가 태어나자마자 카자흐스탄으로 이주를 했다. 덕분에 이제 막 세 돌이 지난 막내는 집에서는 한국어, 유치원에서는 영어, 친구들과는 러시아어에 노출되면서 3개 국어를 한꺼번에 배우게 되었다.

팬데믹으로 유치원도 잠시 쉬게 되었고, 나도 원격 수업을 하며 집에 있으면서 막내의 언어 발달을 관찰할 기회가 많아졌다. 가족들과 지내면서 모국어 노출이 늘어나자 한국어 발달에 속도가 붙었다. 형들과 영어 영상물이나 영어 그림책을 보고, 간단한 의사소통을 영어로 하면서 영어 실력도 부쩍 향상되는 것을 볼 수 있었다.

아직 어려서인지 생각을 정리해서 말하기보다 스쳐지나가는 단어를 두서없이 말할 때가 많다. 상황이나 문맥에 맞지 않아 엄마인 나도 어떤 의미인지 짐작하지 못하는 경우도 종종 있었다. 발음이 부정확하고, 어휘나 문장의 연결 능력이 부족한 탓도 있을 것이다.

하지만 주된 이유는 아이 스스로 자신의 생각을 정리하는 능력이 덜 발달했기 때문이다. 그래서 요즘 아이가 두서없는 말을 하면 그 말에 대해 대화를 나누며 생각을 정리하는 연습을 하고 있다.

연습이라고 해 봐야 특정한 시간을 정해두고 형식적으로 하는 식이 아니라 대화하면서 생각을 정리할 수 있도록 질문을 던지는 정도이다. 이렇게 아이는 질문에 대답을 하면서 쉬운 어휘로 짧고 명확하게 생각을 전달하는 훈련이 가능하고 인지 능력까지 발달한다.

생각과 말은 밀접한 관련이 있다. 논리적으로 생각하는 사람의 말은 간결하고 명쾌하며 알아듣기 쉽다. 반면 생각 없이 말을 하면 듣는 사람은 대화를 그만두고 싶을 정도로 힘들 수도 있다.

우리는 종종 생각을 정리하지 않고 스치는 생각을 여과 없이 내뱉는 사람을 만난다. 그런 이들이 우리 집 막내처럼 인지 능력이 발달되지 않아 생긴 일은 아닐 것이다. 단지 생각하지 않고 말부터 하는 것이 습관으로 자리 잡았기 때문이다.

이렇게 잘못 자리 잡은 습관은 가족과의 소통을 어렵게 만드는 데서 그치지 않는다. 스스로를 알리고, 상호 소통을 위한 커뮤니케이션이 중요한 21세기를 살아가는 데 장애적 요소로 작용한다. 따라서 학생들이 온라인 수업을 통해 일어나는 자연스러운 커뮤니케이션 연습으로 정확한 말하기 능력을 키울 수 있기를 바란다.

원격 수업을 하면서 학생들과 온라인상에서 대화를 나눌 기회가 많았다. 그러나 온라인 소통(Online Conversation)은 표정이나 몸짓, 상황 등의 파악이 어려워 더 명확한 표현을 사용해야 했다.

대면 소통을 할 때는 말이 전부가 아니다. 사회학자 알버트 메러비안(Albert Mehrabian) 교수의 조사에 따르면, 의견을 전달하는 과정에서 말이 차지하는 비중은 겨우 7%였다. 목소리의 크기와 억양 등이 38%, 표정과 몸짓 등의 비언어적 태도가 무려 55% 달했다.

버드 휘스텔(Bird Whistell)의 연구도 이를 뒷받침한다. 의사소통 시 동작 언어가 전달하는 정보의 양이 약 65~70% 정도이며, 음성 언어는 30~35%의 정보만 전달한다고 밝혔다.[7]

입꼬리를 올린다든지, 미간에 주름이 잡히거나 눈썹을 치켜뜨는 것 같은 미세한 표정 변화도 의사소통의 진행에 영향을 끼친다.

화상 채팅의 경우는 이 부분이 해결되지 않느냐고 반문할 수 있다. 하지만 카메라를 통해 전송되는 모습은 약간 지체 현상이 발생하거나 화면이 깨지고 정지되는 상황도 잦다. 결국 비언어적 소통은 흐름이

---

7) 이성범, "비언어적 의사소통의 중요성", 〈중부매일〉, 2015. 07. 29, http://www.jbnews.com/news/articleView.html?idxno=674929

온택트, 어떻게 가르칠 것인가?

끊기고 만다.[8]

　이런 이유들로 인해 온라인 소통 시 명확하게 말로 표현하는 언어적 의사소통 능력이 필수적이었다. 이 부분의 훈련이 덜 된 학생들은 말을 대충 얼버무리거나 횡설수설하기 일쑤였다.

　교수자이기 때문에 최선을 다해 들어주었지만 내용을 이해하지 못하는 경우도 더러 있었고, 대화의 흐름을 따라가는 것 자체가 피곤하기도 했다. 상황이 이렇다 보니 보통 심각한 것이 아니었다. 결국 학생들의 소통 능력을 향상시키기 위해 말을 해야 하는 온라인 소통 시간을 늘렸다.

　대화 도중 두서없는 문장이 나오면 발언한 학생이 생각을 정리할 수 있도록 질문을 던졌다. 학생들은 답변을 위해 생각을 정리하게 되었고, 반복적으로 시행하자 어렵지 않게 논리적으로 말하는 것을 관찰할 수 있었다.

　생각을 정리하여 명쾌하게 소통하는 것은 온라인뿐만 아니라 대면 회의나 발표 등 우리 삶의 다양한 부분에서 중요하게 여겨지는 핵심 역량이다. 원격 수업을 하는 동안 학생들의 소통 스킬이 답보 상태에 빠지지 않도록 교수자의 노력이 더욱 필요하다.

---

8) 강인규, "원격 수업은 왜 끔찍한가 전문가들의 이유있는 경고", 〈오마이뉴스〉, 2020.06.18, http://omn.kr/1nxw5

글로 나를 단단하게, 힐링 글쓰기

중·고등학교 시절 작문이나 논술 교과 중에 썼던 것을 제외하고 우리말로 글을 쓴 경험이 거의 없다. 영어 교육을 전공했기에 지난 20년간 석·박사 논문을 비롯한 대부분의 글은 영문으로 작성했다. 그나마도 학술 논문이었으니 삶의 성찰이나 신변잡기는 어느 때부턴가 멈추어 있었다.

그렇게 모국어 글쓰기가 내 삶에서 거의 사라지고 있을 무렵에 팬데믹이 선언되었다. 꽤 많은 일상이 온라인에서 진행되었고, 사람을 대면할 수 없는 상황이 예상보다 길어졌다. 평소 SNS라든지 블로그 같은 온라인 활동에 전혀 무관심했지만 소통이 끊기다 보니 온라인상에서라도 타인과 소통하고 싶다는 욕망이 일었다.

어떤 방법이 좋을까 고민하며 검색하다 우연히 '블로그 글쓰기 팀'에 참여하게 되었다. 불과 몇 달 전의 일이다. 블로그조차 없었기에 블로그 만들기부터 시작해 하루에 한 편씩 글을 써 포스팅했다.

나를 소개하는 글에서부터 수업 이야기, 알마티의 일상 등등 그야말로 나를 표현하는 다양한 주제로 글을 써 보았다. 큰 욕심 없이 시작된 글쓰기였기 때문에 부담이 없었다. 어느 날은 간단하게 몇 줄로 끝내기도 하고, 또 어떤 날은 하고픈 말이 많아 길어지기도 했다.

아이들을 재우고 밤 10시 즈음 글을 쓰고는 했는데 복잡한 생각이 정리되고 질서가 잡히면서 마음이 평안해졌다.

팬데믹이 가져온 내면의 불안과 걱정을 글로 쓰는 과정에서 내려

놓을 수 있었고, 앞으로의 방향과 구체적인 해결책이 떠올랐다. 글을 쓰는 행위 자체가 스스로 내면을 돌아보는 한편 생각을 정리하고, 표현할 수 있는 의미 있는 시간이었다. 글을 잘 쓰고 못 쓰고는 그리 중요하지 않다.

미국의 심리학자인 제임스 페니베이커(James W. Pennebaker) 박사가 글쓰기 효과에 대해 연구한 적이 있다. 일정 기간 동안 한 집단은 일반적인 주제로, 다른 한 집단은 끔찍한 경험을 주제로 글을 쓰게 했다.

두 집단의 건강 상태 결과는 의외였다. 끔찍한 경험을 쓴 집단이 병원을 찾는 횟수가 43%가량 적었다. 몸과 마음 모두 건강해졌다고 볼 수 있는데, 이것이 글쓰기 배출 효과다. 억압된 감정의 응어리가 표출되면서 심신 건강에 긍정적인 영향을 미친 것이다.[9] 의도한 바는 아니었지만 나도 글쓰기의 효과를 톡톡히 누리지 않았나 싶다.

각자의 글을 포스팅한 후 글쓰기 팀과 나누고, 서로 격려의 메시지를 주고받는 시간도 참으로 감사하고 행복한 힐링이었다. 중앙아시아

Tip >

제임스 페니베이커
(James W. Pennebaker)
오스틴의 텍사스 대학에서 심리학으로 박사학위를 받은 후 동대학 심리학과 교수로 재직 중이다. 글쓰기 치료의 선구자로 글쓰기와 신체적, 심리적 건강과의 연관성에 대한 연구에 몰두해 왔다. 250편 이상의 논문과 여러 권의 책을 저술하였으며 성격과 사회 심리학회로부터 공로상 및 우수저술상을, 여러 심리학 분야에서 공로를 인정받아 다수의 수상을 한 바 있다.

9) 오경아, "글쓰기로 마음 치유하는 '문학치료' 들어보셨나요", 〈중앙일보〉, 2012. 11. 26, https://news.joins.com/article/9985972

알마티에 있지만, 나머지 멤버들은 모두 한국에 있었다. 시공간을 초월하여 온라인에서 만날 수 있다는 것도 색다른 경험이었다.

이러한 경험을 원격 수업으로 인해 친구들과의 관계가 소원해지고, 외로움을 느끼고 있을지도 모를 학생들에게도 권하고 싶어졌다.

다음 학기의 온라인 수업 플랫폼에 작은 카테고리를 마련하여 학생들과 삶을 나누는 힐링 글쓰기(Healing Writing)를 하려고 계획 중이다. 점수에 반영되는 의무적인 활동은 아니지만 글쓰기를 통해 자신을 표현하면서 스스로 단단해지는 경험을 하기를 기대한다. 또한 수업을 함께 듣는 친구들과의 관계도 좋아지고, 온라인 수업의 단점인 소속감이 결여되는 문제도 해결되지 않을까 싶다.

잠자는 메타인지를 깨우자! 온라인 튜토리얼

영국 UCL(University College London)의 로즈 러킨(Rose Luckin) 교수는 앞으로 인간은 지능 지수 500에서 1000 정도의 A.I와 함께 살아가야 한다고 전망했다. A.I와 차별화되기 위해 평생 학습, 직업 재교육 등을 통한 끊임없는 배움을 강조하기도 했다.

이를 위해 자기만의 학습법을 파악하고 비법을 마련하여 무엇이든 효율적으로 배울 수 있는 능력이 요구된다. 학습의 가장 기본은 아는 것과 모르는 것을 구분해 낼 줄 아는 능력이며 이를 일컬어 메타인

온택트, 어떻게 가르칠 것인가?

지(Metacognition)라고 한다. 메타인지를 바탕으로 자신이 모르는 부분을 파악하고 평가하여 보완할 수 있는 자율적인 학습 계획을 세운다.

따라서 메타인지가 높은 사람이 평생 학습을 성공적으로 수행할 수 있다. 이는 곧 개인의 성공으로 이어지며 이것은 A.I가 할 수 없는 인간의 영역이다.

그렇다면 교수자는 어떻게 학생들의 메타인지 능력을 키워 줄 수 있을까? 올해 여름 학기 온라인 튜토리얼(Online Tutorial)을 통해 석사 과정 학생의 논문을 지도하면서 그 해답을 찾았다.

대면으로 논문 지도를 할 때는 교수자가 주체가 되어 수정하고 보완해야 할 부분을 표시해 주는 방식으로 피드백을 했다. 학생들은 피드백에 따라 수동적으로 논문을 수정해 왔다.

그러나 이번에 처음 시도하는 원격 논문 지도 과정은 학생이 수업에 참여하고 있다는 느낌을 강하게 줄 필요가 있었다. 고민 끝에 과감히 논문 지도 방식을 바꾸었다. 학생이 주체가 되어 각 장별로 설명을 하면, 교수자인 나는 듣고 있다가 의문이 드는 부분에 대해 질문을 던졌다.

학생은 줌으로 논문 파일을 공유하며 하나하나 설명해 나갔다. 그 과정에서 재미있는 일들이 발생했다. 설명을 하면서 본인의 논문에서 논리적 오류가 있는 부분이나 불필요한 문장들, 이해하기 어려운 문단 등을 스스로 찾아내고 있었다.

결국 교수자에게 설명하는 동안 자신이 수정해야 하는 부분들을 스스로 구분했고, 어떻게 수정해야 하는지도 이미 파악하고 있었다.

뿐만 아니라 잘 몰라서 충분히 설명하지 못한 주장들을 가려냈으며, 주장을 좀 더 명확하게 증명하기 위해 관련 논문이나 자료들을 찾아 공부하겠다는 계획도 이야기 했다.

학습자 스스로 본인의 인지 여부를 파악하고, 잘못된 학습 과정을 모니터링하여 객관화한 후 해결 방안까지 찾아낸 것이다. 이것이 바로 메타인지 능력이다.

메타인지 능력은 훈련에 의해 충분히 강화될 수 있다. 소크라테스는 이미 수천 년 전 메타인지를 강화하기 위한 학습법을 설파했는데 이른바 문답법이다.

질문을 받고 대답하는 과정에서 자신의 생각을 반복하면서 관련 개념을 언어적으로 표현하기 위해 더 많은 사고를 하게 된다고 여겼다. 특히 반어법을 사용해 무지를 깨닫지 못하는 이들에게 반복적으로 질문을 던져 스스로 무지함을 깨닫게 했다.

결국 이것은 질문이 스스로 부족한 부분을 찾을 수 있게 한다는 뜻이다. 너 자신을 알라는 소크라테스의 명언이 메타인지에 대한 가르침일 줄이야![10]

같은 맥락에서 일대일 또는 소그룹으로 진행되는 온라인 튜토리

---

10) 김은영, "인간만의 '메타인지'를 살려라", 〈The Science Times〉, 2019.06.27, https://www.sciencetimes. co.kr/news/%EC%9D%B8%EA%B0%84%EB%A7%8C%EC%9D%98-%EB%A9%94%ED%83%80%EC%9D%B8%EC%A7%80%EB%A5%BC-%EC%82%B4%EB%A0%A4%EB%9D%BC/

온택트, 어떻게 가르칠 것인가?

얼은 메타인지 능력을 일깨우는 데 큰 도움이 되며 대면이든 비대면이든 학생들과 일정을 맞추어 진행할 수 있다. 튜토리얼을 하며 자신들이 공부한 내용이나 완성한 과제에 대해 말할 수 있는 기회를 준다면 본인의 인지 상태에 대해 깨달아 가는 모습을 볼 수 있을 것이다.

이 과정을 어색해하고 힘들어하는 학생이 있다면 교수자가 나설 차례이다. 교수자의 적절한 질문이 잠자고 있는 메타인지를 깨우는 데 훌륭한 촉진제가 될 수 있다.

급변하는 세상에 맞닥뜨려, 평생 학습이 꼭 필요한 우리 학생들이 미래에 잘 적응하기 위해서는 자기 주도 학습 능력이 꼭 필요하다. 이를 강력하게 뒷받침해 주고, 성공적인 학습으로 이끄는 것이 메타인지 능력임을 잊지 말아야 하겠다.

배움을 진단하는 온라인 평가

온라인이든 오프라인 수업이든 교수·학습에 있어서 평가(Online Assessment)는 교수자와 학습자 모두에게 중요하다. 교수자는 다양한 종류의 평가를 통해 학생들의 학습 정도를 확인하고 앞으로의 수업 방향을 결정한다.

학습자는 평가 과정을 통해 자신이 아는 것과 모르는 것을 깨닫고, 평가 결과를 통해 완전히 습득하지 못한 부분을 다시 공부해 보완하기도 한다.

원격 수업이 본격화될 무렵, 우리 대학 교수들이 가장 우려한 부분은 평가였다. 대면 수업에서 지면 평가를 대신해 프로젝트 기반의 결과물이나 서술형 리포트를 평가 자료로 활용하는 인문·사회 계열 교수들도 있다.

하지만 대부분의 교수는 강의실에서 지면 평가를 통해 학생들의 학업 성취도를 측정했다. 내가 진행했던 수업의 경우도 대부분의 학기 말 평가는 발표와 프로젝트였지만, 학기 중에 시행되는 평가에는 간단한 퀴즈나 지면 평가도 포함되어 있었다.

온라인 평가의 어려움과 처음 시행되는 100% 원격 수업에서 겪는 많은 문제를 공유하고, 함께 해결책을 모색하기 위해 우리 대학에서는 3주간의 집중 교수 연수가 시행되었다. 그때 배운 원격 수업의 평가에 대한 이론과 효과적인 시행 방법을 살펴보고자 한다.

온라인 수업은 기존의 대면 수업과는 다르다. 교수자 중심의 지식 전달 수업을 온라인상에서 계속 유지한다 해도 온라인 강의의 특성상 학습자가 자율성을 가질 수밖에 없는 구조다. 따라서 온라인 수업에서는 학생이 학습의 중심이다.

학습자 중심 교육에서 학생은 평가의 대상이 아니다. 교수자가 모든 시험 문제를 출제하고, 학생들이 주어진 시간 안에 암기한 내용을 바탕으로 답안을 작성하는 전통적인 시험은 온라인 수업에 적합하지 않다.

그들은 학습의 주체이기 때문에 교수자는 학습자가 스스로 학습 방법을 정하고, 평가까지 진행할 수 있도록 지원해 주어야 한다. 결과가 아닌 과정을 평가하고, 학습자 간의 경쟁이 아닌 협업 과정에 대한 피드백을 주어야 한다.

교육의 뉴노멀에 대해 논의하고, 성공적인 온라인 수업을 고민하면서, 기존의 암기 위주의 시험을 유지한다는 것은 어불성설이다. 수업 전달 매체만 대면에서 온라인으로 바뀌고, 평가 방식을 바꾸지 못한다면 학생 중심의 온라인 수업은 실패로 돌아갈 것이 불 보듯 뻔하다.

온라인 평가 과제는 전통적인 시험 방식에서 벗어나, 실제 상황(Authentic Tasks)에 적용될 수 있는 실험, 실습, 프로젝트 등이 바람직하다. 이는 우리가 살아가는 실제 세계에서 행해지고 있는 과제와 같이 도전적이고 복합적이다.

그러나 학생들에게 실제 상황의 과제와 완전히 똑같은 도전과 인지를 요구하기는 사실상 어렵다. 학생들과 의논하여 상황을 단순화시키거나 모의화 한 과제를 디자인하는 것이 좋다. 이것은 시험 과제의 디자인에도 학생들의 적극적인 참여가 요구된다는 뜻이다.

실제 상황에 적용되는 시험 과제가 결정되었다면 학생들은 각자 나름의 방식대로 과제를 완성해 나간다. 교수자는 이 모든 과정에서 학생들의 자율성을 보장해 주되, 질문을 던지거나 필요한 피드백을 제공하면서 퍼실리테이터의 역할을 담당한다.

과제가 마무리 되면, 결과보다는 과정 중심의 평가(Process-based Evaluation)가 시행된다. 먼저 주어진 과제를 해결하기 위한 문제 인식부터, 계획, 자료 수집 및 분석, 적용, 결과 도출의 과정을 발표하게 한다. 여기에 교수자가 모니터링한 부분을 더하여 마지막 결과물이 아닌 과정 자체를 평가한다.

이때 평가의 형태는 다양하게 이루어진다. 자신이 한 프로젝트에 대해 스스로를 평가할 수도 있고(Self-evaluation), 친구들이 피드백을 제공할 수도 있으며(Peer evaluation), 교수자가 건설적인 피드백을 줄 수도 있다. 과제의 성격에 따라, 어떤 피드백 방식을 택할 것일지는 교수자와 학생이 협의하여 선택해야 할 것이다.

내가 실제 온라인 수업의 평가를 위해 주로 하는 활동은 팟캐스트(Podcast)와 시나리오 작성이다. 팟캐스트를 통한 평가의 경우 교수자가 교과 내용 중 특정 주제를 학생들에게 주고, 학생은 그 내용을 방송 대본으로 만든다. 실제 라디오 방송을 하는 것처럼 청취자가 알아듣기 쉬우면서도 흥미롭게 내용을 전달하는지가 평가의 핵심이다. 주로 다음의 세 가지 소프트웨어를 사용해 각자 녹음한 후 제출하라고 한다.

- **어파워소프트**(Apowersoft)

  https://apowersoft-free-audio-recorder.en.softonic.com
- **보이스레코더**(Voice Recorder)

  https://online-voice-recorder.com
- **오데시티**(Audacity)

  http://www.audacityteam.org

학생들은 창의력을 발휘하여 다양한 배경음악을 넣고, 나름대로 방송 프로그램 이름도 정하여 재미있게 활동을 진행한다. 제출된 녹음 파일은 무들 학습 플랫폼에 업로드하여 모두가 공유하고, 내용과 창의성을 기반으로 교수자와 친구들이 피드백을 준다.

시나리오 작성을 이용한 평가는 영어교수방법론 수업에 자주 활용된다. 다양한 교수법을 공부한 후 스스로 교사가 되었을 때의 상황을 설정하여 어떻게 가르칠 것인가에 대한 시나리오를 작성한다. 그리고 다양한 디지털을 이용해 발표하는 것이다.

이때 가장 중요한 것은 상황 설정이다. 근무하는 교육 현장의 상황, 학생들에 대한 구체적인 진술(예 : 나이, 영어 구사 수준, 관심 분야, 사회·문화적 배경 등), 특정 교수법을 사용하는 이유, 교수자인 본인의 역할 등을 최대한 구체적으로 써서 시나리오를 제출해야 하는 프로젝트다.

개별 학생의 시나리오는 팟캐스트 평가처럼 무들 온라인 플랫폼에 공개 되며, 시나리오 관련 프레젠테이션도 온라인 강의를 통해 함께 듣는다. 이 활동 또한 교수자와 함께 수업을 듣는 친구들이 피드백을 동시에 제공한다.

팟캐스트나 시나리오 작성과 같은 활동은 온라인 평가 방법으로 매우 적합하다. 프로젝트를 완성해 나가는 과정에서 학생들은 많은 것을 배울 수 있다. 이 활동들은 개별 또는 소그룹으로 진행 가능하며, 지필 시험이 어려운 원격 수업을 진행하는 교수자들에게 추천할 만한 방법이다.

방향 설정(Direction)

동기부여(Motivation)

코칭(Coaching)

Mentoring

목표(Goal)

조언(Advice)

성공(Success)

훈련(Training)

지원(Support)

멘토링

함께 가는 즐거움, 라이프 멘토링

온택트 시대의 새로운 교수 방법 중 마지막으로 강조하고 싶은 부분은 라이프 멘토(Life Mentor)로서의 교수자의 역할이다. 학생들과 지식을 공유하고, 디지털 시대에 필요한 역량을 기르도록 도와주는 수준을 넘어서야 한다는 의미이다. 끊임없는 소통을 통해 학생들의 꿈과 가능성을 분별하고, 수업 및 상담 시간을 활용하여 그 잠재력이 현실이 될 수 있도록 도와야 한다.

멘토링에 대한 설명을 위해 나의 경험을 공유하고자 한다. 어린 시절부터 박사 학위를 마칠 때까지 참 좋은 선생님들이 인생의 멘토가 되어 주셨다. 어린 시절의 선생님은 그 시기에 맞게 칭찬과 격려로 곁에 있어 주셨고, 학창 시절의 선생님은 나의 강점을 파악하고는 적성에 맞는 다양한 직업군을 소개해 주셨다.

특히 대학 입학부터 지금까지 인생의 멘토가 되어 주신 조미원 교수님은 내 삶에 크고 작은 선택과 도전이 있을 때마다 진심어린 조언과 응원을 아끼지 않으셨다. 덕분에 막연한 두려움은 희망으로 바뀔 수 있었다. 캐나다 어학 연수부터 미국 유학, 결혼, 취업, 카자흐스탄 이주에 이르기까지 교수님이 안 계셨더라면 그 어느 도전도 쉽지 않았을 것이며 지금 이 자리에 있을 수 있었을까 하는 의문이 든다.

이렇게 교수자는 누군가의 가슴에 꿈을 심어 주고, 그 긴 여정에 함께하여 한 사람의 삶을 바꿀 수 있는 가치 있는 일이다. 최신 교수

107

Chapter 3. 새로운 교수법, 플립 스쿨

법으로 잘 가르치는 일도 중요하고, 재미있는 수업으로 학생들을 즐겁게 해 주는 것도 중요하지만 라이프 멘토링(Life Mentoring)으로 학생들의 소중한 삶에 이정표를 제시해 줄 수 있다면, 이 보다 더 가치 있는 일이 또 있을까 싶다.

시대가 변하고, 상황적 여건이 어려워지면서 온라인 수업이 시행되었다. 학생을 직접 만나지 못하게 된 것이다. 그럼에도 불구하고 교수자는 늘 학생과 함께하며, 라이프 멘토로서 학생들의 삶에 한 줄기 빛이 될 수 있기를 바란다.

CHAPTER 4

How to Design
Highly Interactive
Online Classes

온라인 수업 설계는

이렇게

수업 설계 모델 이해하기

셋째를 출산하고 산후조리원에 있을 때였다. 아이를 품에 안았다는 기쁨으로 한창인데 때마침 카자흐스탄 키맵대학교에서 전해진 교수 임용 소식은 겹경사였다. 그러나 이내 흥분한 마음을 가라앉히고 하루 만에 몇몇 중대한 결정을 내려야 했다.

우리 가족은 한국에서의 삶을 정리하고 카자흐스탄 알마티로 떠나기로 했다. 남편은 다니던 회사에 사표를 냈으며, 나 역시 오랫동안 근무해서 정든 대학을 그만두었다. 집과 차, 쓰던 물건들은 차차 정리하기로 했다. 의외로 아쉽다는 생각보다 알마티에서 시작하게 될 새로운 삶에 대한 기대로 설레고 행복했다.

당시 네 살과 두 살이었던 두 아들, 이제 막 태어난 막내 아들을 돌보며 짬짬이 시간을 내면서 카자흐스탄의 문화와 학생들을 분석하며 강의 준비를 시작했다. 결코 쉽지 않은 일이었다.

카자흐스탄은 동서양을 잇는 실크로드 교역로에 위치하여 오랫동안 서로 다른 문화가 공존해 왔다. 단일 민족인 우리나라와는 달리 다민족 국가로 카자흐인(63.0%), 러시아인(23.7%), 우즈베키스탄인(2.8%), 우크라이나인(2.0%), 위구르인(1.4%), 따따르인(1.2%), 독일인(1.1%), 기타민족(4.51%) 등이 함께 어우러져 살고 있었다.

키맵대학교는 영어를 공용어로 하는 인터내셔널 대학이었기에 문화와 인종의 다양성에 대해 선명하게 예상할 수 있었다. 이러한 문화적인 특성을 고려해 특수 교육 대상자를 포함하여, 인종, 언어, 문화를 초월해 모든 학습 대상자의 개별성을 존중하는 '보편적 학습 설계(Universal Design for Learning : UDL)' 모델을 가지고 수업을 디자인 했다.

다행히 이 수업 설계 모델을 활용하여 최근에 진행하고 있는 온라인 수업까지 무척 만족스러운 결과를 이끌어 내고 있다.

입시와 경쟁을 키워드로 하는 우리나라 교육 제도 안에서 성장한 나로서는 학습자로서 다양성을 존중하는 교육을 경험하지 못했다. 지식 전달 위주의 획일화된 수업과 입시 전쟁에서 이기기 위한 전략적 공부가 전부였다.

오십여 명이 옹기종기 붙어 앉아 선생님의 수업을 일방적으로 듣기만 하던 교실에서, 개별 학습자로 기억되고, 존중받을 수 있다는 생각 자체가 불가능했다. 그러나 UDL 수업 설계 모델을 만나고 나서야 비로소 나의 교수·학습 경험에 대한 평가가 가능해졌다.

UDL 모델은 수업 설계의 기본 틀이라고 할 수 있는 학습 목표, 학습 자료, 교수 방법, 평가 등이 개별 학습자에 맞추어져 있다. 수업 내용을 제시할 때 교수자가 선택한 획일화된 방법 대신 그래픽, 애니메이션, 영상, 언어, 기호, 숫자, 상징 등 복수의 이해 수단을 제공한다. 인식 방법이 각기 다른 학습자들이 구미에 맞게 선택하여 내용을 쉽게 이해할 수 있도록 돕고자 함이다.

교수자가 교탁에 딱 붙어서 수업을 하는 일명 교탁매미형 수업은 교수자의 판서와 교과서를 이용하여 획일적으로 수업을 진행하는데 그 모습과 반대라고 생각하면 된다. 상호 작용을 극대화하는 다양한 소그룹 활동, 수업 내용과 관련된 영상이나 그래픽을 활용하여 수업 내용을 전달하는 방법에 다양성을 부여하는 것이다.

물론 때에 따라 전통적인 강의도 필요하다. 같은 내용을 가지고 전달 방법에 차이를 두어 반복하는 것이므로 개별 학습자는 자신이 가장 이해하기 쉬운 방법을 선택해 내용을 습득할 수 있다는 것이 UDL 수업 모델의 가장 큰 장점이다.

UDL 수업 모델은 학습자가 이해한 내용을 시험이라는 제도를 통해 획일적으로 평가하지 않는다. 여러 가지 활동과 표현 수단을 허용해 개별 학습자가 자신만의 독특한 방식으로 아는 것을 표현할 수 있도록 도와준다.

전통적인 시험을 통해 자신의 실력을 잘 드러내는 학생도 있지만 대부분의 학습자는 시험을 두려워하고 어려워한다. 이런 경우, 교수자가 발표나 프로젝트 등을 통해 자연스럽게 학습 내용을 풀어내도록 해 준다면 학생들도 즐거운 마음으로 아는 것을 표현하게 된다.

마지막으로 수업 설계 시 학생들이 수업에 즐겁게 참여하도록 다양한 참여 방식을 제공해야 한다.

지난 가을 학기와 2020년 봄 학기에 초급 한국어 강의를 진행했다. 그때 야심차게 준비했던 활동이 시퀀스텔링(Sequence Telling)과 디지털 스토리텔링(Digital Storytelling)이다.

시퀀스텔링은 어떤 사건이나 일의 흐름을 순서대로 배열하여 하나의 이야기로 풀어낸다. 디지털 스토리텔링은 특정 주제에 대해 스토리를 구성해 발표를 하는데, 애니메이션이나 영상 등 다양한 테크놀로지 요소를 더해 프레젠테이션 자체를 아주 흥미롭게 만드는 활동이다.

'나의 아침 루틴'이라는 제목으로 시퀀스텔링을 작성하고, 이를 영상으로 만들어 디지털 스토리텔링 형식으로 발표하는 것이 활동의 핵심이었다. 대부분의 학생이 아주 재미있었다는 평가를 했지만 몇몇 학생은 한국어 문법과 단어를 더 많이 배우고 싶다는 의견을 주었다.

이에 따라 모두의 니즈를 최대한 반영하기 위해 수업 방식 자체를 강의, 소그룹 활동, 시퀀스텔링, 디지털 스토리텔링, 발표, 게임, 역할극 등으로 다양화하여 학생들의 수업 참여를 유도했다. 결과적으로 동기 유발도 쉽게 되었고, 학생들의 반응도 무척 좋았다.

모든 사람이 다른 지문을 가지고 있듯이 학생들의 성향과 흥미는 다양하고 다르다. 보편적 학습 설계 모델은 학습자의 다양성을 충분히 고려한 수업 디자인이므로 오프라인뿐만 아니라 온라인 수업에도 굉장히 효과적이다. 그것은 아마 UDL 수업 모델의 설계 바탕이 인간 존중이기 때문이 아닐까 생각한다.

비실시간 온라인 수업과 실시간 온라인 수업

카자흐스탄 교육부가 코비드19로 인한 국가 비상사태를 선포하며 모든 교육의 온라인 전환을 권고했다. 갑작스러운 결정 덕분에 평화로워야 할 주말에도 새벽 4시에 눈을 뜨며 능동적인 대처를 위해 노력했다.

시간적 여유가 없었지만 모든 교수진이 온라인 수업을 위한 긴급 대처 교육을 받는 등 할 수 있는 최선의 준비를 다했다. 나 역시 책임감을 온몸으로 느끼며 나름의 원격 수업 설계 및 준비에 돌입했다.

학생과 교수자 모두 처음으로 당면한 원격 수업 체제였기에 당연히 미흡한 부분이 많았다. 가장 염려스러웠던 부분은 학생들의 인터넷 접속 문제였다.

인터넷 접속이 안 되면 수업 자체가 어려워지기 때문에 원격 수업의 필수적인 요소이다. 그런데 카자흐스탄은 우리나라와 달리 인터넷 접속이 잘 안 되는 경우도 많고, 속도가 갑자기 느려질 때도 있다. 따라서 수업 진행이 원활하게 이루어지지 않는 경우를 간과할 수 없었다.

그래서 마련한 대안이 '비실시간 온라인 수업'과 '실시간 온라인 수업' 모두를 가능하게 하는 방법이었다. 인터넷 접속이 잘 되지 않아 불이익을 당하는 학생이 없어야 했다.

몇 해 전, 한국의 대학에서 스튜디오를 빌려 촬영하고, 전문가가 편집한 영상으로 온라인 수업을 진행한 경험이 있다. 하지만 이번처럼 직접 촬영하고 편집하여 유튜브에 올리기는 처음이었다.

한 번도 해 보지 않은 편집을 어떻게 해야 하나 고민스러웠다. 여러 통로로 영상 편집 관련 정보를 찾아보다 운 좋게 관련된 강의를 하

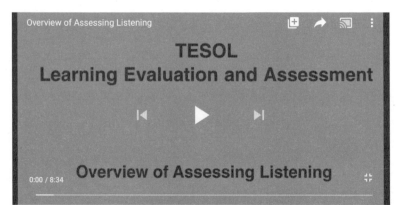

유튜브에 업로드 한
비실시간 온라인 수업 장면

시는 허지영 선생님을 알게 되었고, 급하게 도움을 요청해 편집을 배우고 떨리는 마음으로 영상을 올린 적이 있다.

비실시간 온라인 수업은 교수자가 수업 내용을 미리 영상으로 만들어 온라인 플랫폼에 업로드 해 두면, 학습자가 편리한 시간에 접속하여 언제든 학습할 수 있도록 하는 방식이다.

앞서 온라인 수업 영상 제작 경험을 언급했듯이 교수자가 기본적인 영상 편집 기술을 배우면 수업 영상을 훨씬 효과적으로 제작할 수 있다. 강의는 다른 영상과 달리 내용의 정확한 전달이 가장 중요하기 때문에 편집을 다른 사람에게 맡기기보다는 교수자가 직접 하는 것이 좋다.

실시간 온라인 수업은 정해진 시간에 줌이나 구글미트(Google Meet) 등 온라인 플랫폼에서 만나 실시간으로 수업을 진행하는 방식이다.

교실이나 강의실이 아닌 온라인 플랫폼에서 만난다는 것이 오프라인 수업과 다르지만 온라인에서 만나 토론이나 질의응답 등 다양한 활동과 소통이 가능하며 대부분의 공교육 기관에서는 실시간 온라인 수업을 진행하고 있다.

우리 학교는 실시간 온라인 수업 플랫폼으로 줌을 사용하고, 수업 관련 토론과 학습 자료 업로드는 무들에서 진행되고 있다. 비실시간 온라인 수업 영상의 경우 학생과 상의 후 자유롭게 진행이 가능하다.

예를 들어, 내가 가르쳤던 학생들은 수업 내용의 핵심 영상을 유튜브로 보길 원했기 때문에 유튜브 채널을 이용하였다. 영상을 비공개로 올린 후 학생들에게 링크를 공유하면 예습 또는 복습용으로 이용할 수 있다. 부득이한 상황으로 실시간 온라인 수업에 참여하지 못했을 경우 수업 보강용으로 활용하기에도 유용하다.

지난 학기 수강생 중에는 우즈베키스탄과 서 카자흐스탄 출신 학생이 서너 명 있었다. 이 학생들은 인터넷 접속에 많은 어려움이 있어 비실시간 온라인 수업용으로 제공되었던 영상을 통해 공부하며 큰 차질 없이 학기를 마무리 할 수 있었다.

다음은 실시간 온라인 수업과 비실시간 온라인 수업의 장단점이다.

	실시간 온라인 수업	비실시간 온라인 수업
장점	- 실시간 소통, 토론, 피드백이 가능하므로 수업 참여율이 높다. - 소그룹 토론과 질의응답 등을 통해 다이나믹한 활동이 가능하다. - 교수·학습자 간의 실시간 소통을 통해 딥러닝(deep learning)을 할 수 있다.	- 수업 영상에 대한 접근이 언제든지 가능하다. - 영상의 속도를 조절할 수 있고, 반복 시청을 통해 학습할 수 있다. - 수업료가 저렴한 편이다.
단점	- 수업 시간이 정해져 있다. - 인터넷 접속이나 PC 또는 모바일 기기에 문제가 있을 경우, 수업 참여가 불가하다.	- 대면으로 만나지 않기 때문에 학습자가 고립감을 느낄 수 있다. - 정해진 수업 스케줄이 없고, 대면 만남의 부재로 교수자와 학습자 모두 수업에 대해 무관심해질 수 있는 위험이 있다.

각 수업의 장단점을 잘 이해하고, 교과목 특성에 맞게 적절한 수업 설계를 한다면 비대면 수업도 대면 수업 못지않은 좋은 효과를 거둘 수 있다.

여기에 보다 나은 수업 설계를 위해 실제적으로 온라인 수업을 경험한 학생들의 의견에 귀를 기울일 필요가 있다. 한 취업 정보 사이트에서 대학생 558명을 대상으로 온라인 강의가 어떻냐는 주제로 설문조사를 실시했다. 무려 78.9%의 응답자가 불편함을 겪었다고 응답했다.

불편한 이유는 수업 대체 과제물이 많다는 점과 수업 방식이나 사용하는 플랫폼이 다양해 혼란스럽다는 점, 출결 관리의 어려움과 서버가 다운되는 등 접속 불안정의 문제, 교수자의 목소리가 전달되지 않는다거나, 저화질로 인한 불편함을 꼽았다.[11]

실시간이든 비실시간이든 온라인 수업은 대면 수업과는 다른 특징을 갖는다. 따라서 불편함을 무조건적으로 수용할 수는 없는 노릇이다. 대면하지 않기 때문에 어쩔 수 없이 감당해야 하는 불편함들이 존재하는데, 가급적 부담이 덜 되는 범위 내에서 해결 방안이 모색되어야 할 것으로 보인다.

---

11) 이두익, "대학생이 꼽은 '온라인 강의' 단점 10가지", 〈이코리아〉, 2020.03.24, http://www.ekoreanews. co.kr/news/articleView.html?idxno=42981

줌 플랫폼에서의 실시간 온라인 수업 설계

누구나 나름대로 하루 루틴이 있으리라 생각한다. 나 또한 삼형제의 엄마, 남편의 아내, 또 교수자로 살며 반복되는 일상의 루틴이 있다. 아침에 일찍 일어나 수업 준비를 하고, 아이들 등원 준비를 한 후 출근을 한다. 학교에 도착하면 커피를 마시고 수업, 회의, 상담 등 하루에 정해진 스케줄을 소화한다.

오후 5시 30분 즈음, 남편의 차로 퇴근한 후 유치원에 들러 아이들과 함께 집에 간다. 집에 도착하면 저녁 식사하고, 씻은 다음 아이들 과제와 공부를 지도한다. 그리고 잠자리에 들기 전까지 가족들과 소소한 시간을 보낸다. 여행을 가거나, 손님이 오는 특별한 경우를 제외하면 우리 가족의 하루 루틴은 거의 비슷하다.

놀랍게도 이 평범했던 일상이 팬데믹으로 인해 전혀 다른 변화의 시간을 맞이했다. 가장 큰 변화는 출근하지 않는다는 사실이다. 대신 줌(ZOOM)이라는 온라인 플랫폼에 접속하여 실시간 수업을 진행한다.

키맵대학교는 교수진 모두에게 '줌 프로페셔널 어카운트'를 제공해 주었다. 지난 학기 이 플랫폼에 매일 출근하며 원활하게 학생들을 가르치고 있다. 하루 최소 4시간 정도 이 플랫폼에 접속해 있는 것이 일상이다.

줌은 구글미트나 스카이프와 비슷한 화상 회의 플랫폼이다. 대면으로 만나지 않고 온라인상에서 실시간으로 만나 질의응답을 비롯해 줌은 구글미트나 스카이프와 비슷한 화상 회의 플랫폼이다.

대면으로 만나지 않고 온라인상에서 실시간으로 만나 질의응답을

비롯해 여러 회의를 하는 것도 가능하다.

줌 메인 화면

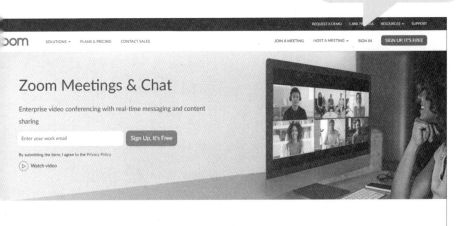

여러 회의를 하는 것도 가능하다. 수업, 석사 학위 논문 지도, 학과 회의 등 집에서도 주요 업무를 가능하게 해 주니 플랫폼 개발자들에게 고마울 따름이다.

처음 줌을 사용했을 때는 어찌할 바를 몰라 헤매기 일쑤였다. 하지만 지난 몇 개월간 줌 활용법에 익숙해져 유연하게 수업을 진행하고, 여러 회의에도 참여하고 있다.

지금까지 줌을 사용해 강의한 교수자로서 경험하고 터득한 노하우를 수업 디자인과 관련하여 나누고자 한다. 부디 줌을 사용해야 하지만 갈피를 잡지 못하는 교수자들에게 도움이 되기를 바란다.

다른 온라인 플랫폼과 비교했을 때, 줌은 크게 두 가지의 장점이 있다. 첫 번째는 〈소회의실〉 기능을 통해 소그룹 활동이 가능하다는 점이다.

처음 줌으로 수업을 진행했을 때가 기억난다. 발이 묶인 상태로 인터넷에 접속하여 수업만 할 수 있으면 다행이라고 생각하고 있어서 그나마 감지덕지였다.

3시간의 대학원 수업 내내 혼자 떠드느라 다음날 목이 쉬어버렸다. 나는 물론이고 학생들도 줌이라는 플랫폼이 매우 낯선 상황이었기에 분위기를 쇄신해 보고자 애를 쓴 결과였다. 학생들의 참여를 유도하려 다양한 질문을 던져봤지만 학생 수가 많을 뿐더러 실시간이라고는 해도 약간의 시간차가 발생해 토론 자체가 힘들었다.

이런 문제를 줌의 소회의실 기능을 통해 쉽게 해결할 수 있었다.

수업을 진행하다 소그룹 활동이 필요할 때 소회의실을 여러 개 개설했다. 학습자들을 각 방으로 배정한 후 그룹별로 주어진 과제를 수행하도록 하면 된다.

학습자를 배정할 때 주로 무작위로 하는 편인데 활동의 내용과 성격에 따라 교수자가 자유롭게 그룹을 배정할 수도 있어 편리하다.

대학원 수업에서 처음으로 소회의실 기능을 사용한 학생들은 마치 강의실에서 수업하듯 상호 작용이 가능해 정말 좋았다고 하였다. 또한 온라인 수업이라 조금은 이방인 느낌이었는데 소회의실에서 그룹별 토론을 하니 수업에 실제로 참여하는 것 같았다는 긍정적인 반응도 보였다.

온라인 수업의 가장 큰 단점이 학습자 중심의 교육이 어렵다는 것인데, 소회의실 기능을 통해 많은 부분이 해결되었다.

소회의실에 학생들을 배정한 후 활동이 어떻게 진행되는지 궁금하다면 교수자가 소회의실에 입장하여 활동 진행 상황을 모니터링 할수 있다. 내 경우에는 각 활동마다 소그룹별로 1회씩 입장하여 주어진활동을 제대로 수행하는지 확인하고, 활동에 관한 질문에 답을 해 주기도 한다.

학습자들에게 다소 부담스럽겠지만 교수자의 소회의실 모니터링은 소그룹 활동의 올바른 방향 설정을 위해 반드시 필요한 부분이다. 그러나 학생들이 교수자의 소회의실 입장을 많이 힘들어할 경우에는 각 방에 메시지를 띄워 남은 시간을 알려 주고 진행 상황을 확인하는것과 같은 차선책을 찾아야 한다.

소회의실 활동이 주어진 시간 내에 마무리 되면 모든 학생을 전체 소환하여 각 소그룹에서 진행했던 활동 내용을 나눈다. 각 팀마다 서기(Secretary)를 정해 두면 소그룹 진행 시 필기를 하기 때문에 단체로 내용을 나누는 것이 어렵지 않다.

각 팀별로 간단하게 토론 내용을 나누거나 교수자가 단체로 나누어진 내용을 요약해 정리해 주는 것으로 마무리 한다.

온라인 실시간 수업은 말로만 설명하고 지나가면 놓치는 학생들도 있고, 따로 질문하기가 어려운 경우가 생긴다. 따라서 단체 채팅창에 주요 내용들을 입력하여 자료를 공유하면 학생들이 수업에 참여하는 데 훨씬 용이하다.

줌의 두 번째 장점은 〈화면 공유〉 기능이다. 아마 대부분의 교수자가 가장 많이 활용하는 기능일 것이다. 화면 공유 기능을 통해 강의 자료를 전체 학습자와 공유할 수 있다.

강의 자료는 파워포인트가 주를 이루지만 교수자의 화면이 공유되는 것이기 때문에 교수자의 PC에서 실행하는 자료들은 어떤 형태이든 상관없다. 이 기능은 학생들이 발표할 때도 발표 자료나 프로젝트 결과물을 동일한 방법으로 공유할 수 있어 원활한 발표로 이어진다.

이 외에 학습자의 상태를 실시간으로 파악할 수 있는 〈반응〉 기능이 있다. 찬성과 박수 이모티콘을 이용하는 것인데, 채팅 창에 글로 표현해야 하는 번거로움 없이 이모티콘만 클릭하면 되어 교수-학습자 간의 빠른 소통이 가능하다. 별것 아닐 것 같은 간단한 기능이지만 온

온택트, 어떻게 가르칠 것인가?

라인 수업 시 상호 작용이 이루어지고 있음을 눈으로 확인할 수 있어 수업에 생기를 불어넣는다.

또한 모든 수업은 필요에 따라 〈기록〉 기능을 통해 쉽게 녹화를 할 수 있다. 학습자들의 복습을 위한 자료로 공유하거나, 온라인 비실시간 강의 영상 제작에도 유용하게 활용된다.

줌에서 기록 기능을 이용해 실제 수업 내용을 녹화해 향후 동영상 강의 자료로 활용하고자 한다면 유용한 팁이 한 가지 더 있다. 강의 자료 공유 상태에서 교수자의 얼굴 화면만 사진처럼 나오게 할 수 있는 기능이다.

이는 참여자의 얼굴 화면 창의 상단 옵션에서 조정할 수 있다. 옵션에는 다음과 같은 네 가지를 선택할 수 있으며, 원하는 방식을 선택해 설정하면 된다.

1. 썸네일 비디오 숨기기 : 공유 화면만 녹화
2. 현재 발표자 작은 비디오 표시 : 공유 화면과 현재 수업 또는 발표를 진행하는 사람의 얼굴 화면만 표시
3. 썸네일 비디오 : 본인을 포함한 5명의 참여자 얼굴 화면 표시
4. 그리드 비디오 표시 : 전체 참여자를 격자 형식으로 표시

줌 온라인 실시간 수업의 성패는 교수-학습자, 또는 학습자-학습자 간의 활발한 상호 작용에 달려 있다. 그룹 활동에 용이한 소회의실 기능과 다양한 수업 자료 공유가 가능한 화면 공유 기능을 적절히 이

용하여 오프라인 못지않은 다이내믹한 수업 설계를 해 보길 권한다.

패들렛으로 상호 작용이 활발한 온라인 수업 만들기

패들렛(Padlet)은 어떤 주제에 대한 서로의 의견을 공유하며 온라인 토론을 한다든지, 사진, 문서, 뉴스 기사 등 다양한 형태의 자료를 시각적으로 공유하는 데 매우 편리한 소프트웨어로 누구나 무료로 사용이 가능하다.

내 경우에는 주로 온라인 수업 시 수업 자료 공유나 수업 전 미리 공유된 자료를 읽은 후 의견을 포스팅하는 과제용으로 이용하고 있다.

수업 내에서 사용하고자 한다면 토의, 토론 수업, 조사 학습, 프로

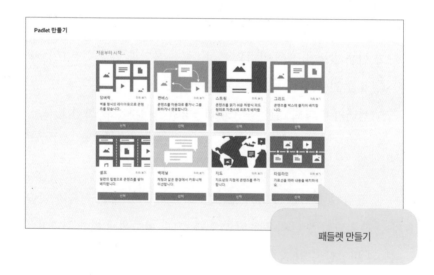

패들렛 만들기

젝트 발표 수업 등 다양한 수업 활동에 적용해볼 수 있다. 담벼락을 생성하면 자유롭게 의견을 남기고 댓글을 달아 의사소통이 가능하며 사진과 파일, URL주소를 공유할 수 있어 여러 형식의 파일을 공유하며 의견을 나누기에 적합하다. 자유로운 토론이나 그룹별 구분, 찬성 VS 반대 등 여러 유형으로 담벼락을 생성해 활용하기 좋다.

패들렛 만들기로 들어가면 담벼락, 캔버스, 스트림, 그리드, 셸프, 백채널, 지도, 타임라인의 여덟 가지 탬플릿을 선택할 수 있다. 생성과 동시에 오른쪽에는 설정 창이 뜨는데 패들렛의 제목과 간략한 설명, 해당 패들렛의 링크 주소, 배경화면과 색상, 글꼴 등을 수정할 수 있다. 언제든 오른쪽 상단의 설정 버튼으로 재수정이 가능하니 수업의 성격이나 개인의 취향에 맞게 디자인하면 된다.

패들렛 메인 화면

개인 계정으로 로그인 하면 메인 화면에 가입자가 참여하고 있는 패들렛이 썸네일 행태로 나열되어 있다. 아래의 사진에서도 내가 참여하고 있는 패들렛 4개가 보인다. 가장 왼쪽 'KIMEP Intro to SLA-Three Key Words from the Reading'이라는 제목의 패들렛이 내가 생성한 패들렛이고, 나머지는 초대를 받아 참여하고 있다.

보다 구체적인 설명을 위해 2020학년도 가을 학기 수업을 준비하여 미리 만들어 놓은 'KIMEP Intro to SLA- Three Key Words from the Reading'이라는 제목의 패들렛에 들어가 보자.

앞서 언급한 패들렛을 클릭하면 아래와 같은 화면이 나온다. 학생들에게 해당 패들렛의 링크를 제공하여 초대하면 된다. 학생들은 각자 링크를 통해 들어와 오른쪽 하단의 핑크색 플러스 버튼을 클릭 한

포스팅할 수 있는 패들렛 화면

온택트, 어떻게 가르칠 것인가?

후 생성되는 포스트잇에 과제를 작성한다. 그럼 전체 학생들의 포스팅을 시각적으로 모두 볼 수 있게 되며, 다른 사람의 포스팅에 답글을 다는 형식으로 소통이 가능하다.

아래의 사진에서 보는 바와 같이 포스트잇처럼 생성된 패들렛 메모에서 내용을 직접 입력할 수도 있고, 사진이나 링크, 문서 등 다양한 형태의 자료를 모두 공유할 수 있다는 것이 큰 장점이다.

이 패들렛의 목적은 학생들이 매주 주어진 분량의 텍스트를 읽고 가장 중요한 키워드 세 개를 선정하여 포스팅하는 것이다. 7주 동안 총 다섯 개의 포스팅을 마무리해야 과제 점수를 받게 된다. 이와 관련하여 예시로 작성한 포스팅은 다음 페이지에서 확인할 수 있다.

패들렛에서 포스팅 하기

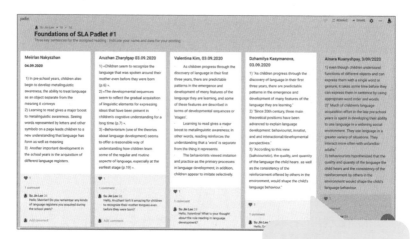

패들렛의 포스팅

이렇게 진행되는 패들렛 활동은 온라인 수업에서 학생들을 참여시키고, 서로가 소통할 수 있는 학습 공간이 된다. 무엇보다 자료 공유 형태가 시각적으로 한 눈에 들어오기 때문에 사용하는 데 매우 편리하다.

플립그리드로 생동감 있는 온라인 수업 만들기

플립그리드(Flipgrid)는 온라인 수업 시 상호 작용을 최대화하는 과제용으로 이용하기 좋은 소프트웨어다. 동영상 형태로 특정 주제에 대한 스피치나 의견을 탑재할 수 있고, 함께 수업을 듣는 학생들도 다른 친구들의 동영상에 대해, 간단한 영상으로 댓글을 달아 서로 소통할

온택트, 어떻게 가르칠 것인가?

수 있다.

동영상을 통해 서로의 표정과 몸짓을 볼 수 있어 글로만 소통했을 때보다 훨씬 생동감 있는 수업이 가능하다. 다만 업로드되는 영상의 화질이 뛰어나지 않다거나 영상과 음성의 싱크가 어긋나는 상황이 연출되기도 한다.

이러한 단점에도 불구하고 온라인 수업 시 선호도가 높은 것은 온라인 수업의 벽을 허물어 학생과 교수자, 또는 학생과 학생 사이에 공감대를 형성해 주고 친밀감을 나눌 수 있어서이다.

플립그리드는 학습자가 구글 아이디나 마이크로소프트 아이디로 로그인 하여 이용할 수 있다. 교수자가 교과목을(Grid) 개설하면 입장 코드가 생성되는데, 입장 시 그 코드를 입력하면 된다.

플립그리드 메인 화면

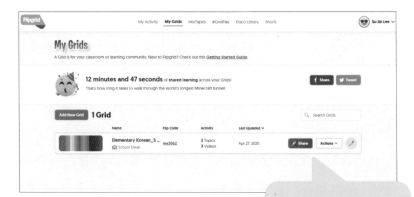

교과목 명으로 그리드 생성

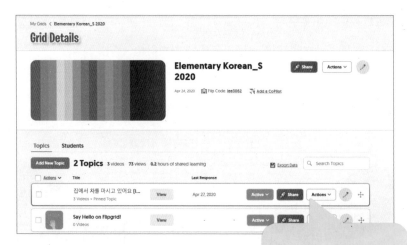

그리드 내 다양한 토픽

쉽게 설명하면 그리드는 교과목 명이다. 왼쪽 위의 그림은 개인 계정으로 플립그리드에 로그인한 사진이다. 그리드가 1개 있고, 초급 한국어, 2020 봄 학기(Elementary Korean_S 2020)라는 교과목 명이 지정되어 있다. 만약, 모든 수업에서 플립그리드를 활용한다면 여러 개의 그리드가 생성될 것이다.

초급 한국어, 2020 봄 학기(Elementary Korean_S 2020) 그리드를 클릭하면, 왼쪽 아래의 그림과 같이 해당 교과목에서 이루어지는 토픽의 리스트가 보이고, 각 토픽을 클릭하면 토픽 내에서 학생과 교수자가 업로드한 관련 동영상이나 사진, 코멘트들을 볼 수 있다.

대면 수업과 달리 친구들의 활동 모습을 나누기 어려운 온라인 수업에서 플립그리드는 훌륭한 대안이 될 수 있다. 이미 미디어에 익숙한 세대인 학생들의 흥미를 자극하는 동시에 창의성을 발휘하여 과제를 수행하도록 유도한다는 점도 높이 평가할 만하다.

지난 학기 초급 한국어 수업에 플립그리드를 활용해 보았다. 한국어의 현재진행시제를 주제로 '집에서 차를 마시고 있어요'라는 내용을 다루었다. 주제를 보다 쉽고 재미있게 이해할 수 있도록 실제로 차를 마시고 있는 장면을 영상으로 올렸더니 호응도가 좋았다. 학생들도 수업 시간에 배운 현재진행시제 문구를 활용하여 자신들이 하고 있는 여러 활동을 표현하는 나름의 영상을 올리며 소통했다.

플립그리드에 비하면 줌은 밋밋하다고 느낄 수 있으므로 줌을 활용한 수업 이후 플립그리드를 시도하는 것이 학생들의 만족도가 높았

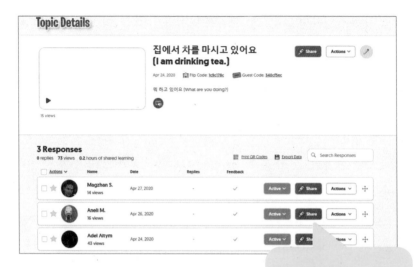

토픽에 관련된 상세 내용

고, 상당한 흥미를 보였다.

학생들이 올린 동영상을 통해 톡톡 튀는 아이디어와 영상 제작 실력도 엿볼 수 있어 의미 있는 시간이었다. 또한, 학생들의 한국어 문장과 발음에 대한 동영상 피드백이 가능해 학습 효과 면에서도 긍정적이었다.

교과목 성격에 맞게 플립그리드 용 과제를 구상하고 적절히 활용한다면 재미와 학습이라는 두 마리 토끼를 모두 잡을 수 있으리라 확신한다.

온택트, 어떻게 가르칠 것인가?

온라인 수업에서 성취도를 높이고 격차를 줄이는 법

카자흐스탄은 구소련 연방 국가 중 하나로 고유 언어가 있지만 러시아어를 공용어로 쓰고 있어서 대부분의 공교육이 러시아어로 이루어진다. 카자흐스탄 언어는 교과목으로 지정되어 배우는 식이다.

큰아이 호세는 한국어 의사소통에는 문제가 없지만 한글을 읽고 쓸 줄 모르는 5세에 알마티에 와서 현재 핀란드식 교육을 하는 사립초등학교 1학년에 다니고 있다. 프로젝트 기반 수업(Project-Based Learning : PBL)을 바탕으로 수학과 과학 교과는 영어로, 나머지 교과는 러시아어로 수업이 진행된다.

러시아어보다 영어를 편하게 사용했지만 팬데믹 이전에는 큰 어려움 없었다. 대면 수업에 참여해 친구들과 선생님에게 직접적으로 도움을 받을 수 있어서였다. 덕분에 러시아어가 생소하고 어려웠지만 불만 없이 수업에 잘 적응해 왔다.

그런데 팬데믹 이후 모든 수업이 온라인 실시간 체제로 전환되면서 문제가 생겼다. 친구와 선생님의 도움 없이 온전히 혼자서 수업 내용을 이해하고 과제까지 제출하는 것은 무리였던 모양이다. 가뜩이나 러시아어로 진행되는 수업에 어려움을 느끼고 있었던 호세는 급기야 비디오와 오디오를 끄고 집중하지 못하는 등 온라인 수업 시 불성실한 모습을 보이기 시작했다.

충분히 이해가 되었지만 우리 부부도 러시아어가 서툴렀기에 어떻게 도와주어야 할지 고민하다가 학교의 러시아어 담당 선생님께 도움을 요청했다. 선생님도 예상하셨다면서 러시아어 기초 실력을 다질 수 있도록 개별 과제를 통해 도움을 주어 학습 결손을 면할 수 있었다.

호세의 경우가 다국어에 노출된 특수한 상황이라고 치부해서는 곤란하다. 팬데믹으로 원격 수업이 장기화되면서 다문화, 조손 가정, 맞벌이 가정, 한 부모 가정 등 아이들을 전방위로 돌봐 줄 수 없는 경우에 학습 결손과 성적 추락이 나타나고 있다.[12]

또한, 상위권 학생들의 성적은 잘 유지되고 있는 반면 중위권 학생

실시간 온라인 수업에 참여 중인 호세

러시아어 개별 숙제를 하고 있는 호세

12) 이유진, "원격 수업 속 '교육 양극화'…중위권 성적 추락", 〈한겨레〉, 2020.07.08, http://www.hani.co.kr/arti/society/schooling/952702.html

온택트, 어떻게 가르칠 것인가?

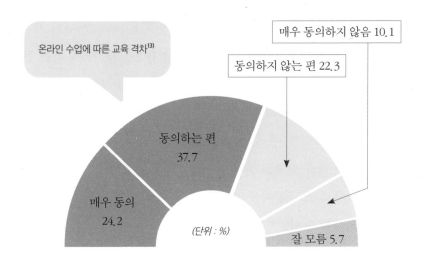

온라인 수업에 따른 교육 격차[13]

매우 동의하지 않음 10.1

동의하지 않는 편 22.3

동의하는 편
37.7

매우 동의
24.2

(단위 : %)

잘 모름 5.7

들의 성적은 내려가는 양상을 보인다고 한다. 결국 가정에서의 원격 수업이 새로운 양상의 교육 격차를 가져왔고 이는 팬데믹의 연장으로 온라인 수업이 병행되는 한 피할 수 없는 고민이 되었다.

그렇다면 이러한 교육 격차를 줄이기 위해 교수자는 어떻게 학생들을 가르치고 도와야 할까? 그 핵심은 밀착 모니터링을 통한 개별 학생에 대한 정확한 평가와 그에 대한 적절한 학습 지원에 있다.

줌을 통한 온라인 수업은 화면 공유 기능, 구글미트로 수업을 할 경우 구글닥(Google Doc)을 이용해 학생들이 진행하고 있는 프로젝트를 실시간으로 모니터링 할 수 있다.

---

13) 위와 동일

개별 학생의 학습 상황 파악을 위해 중간 혹은 기말고사까지 기다릴 필요가 없이 학기 중에 진행되는 다양한 활동을 모니터링 하는 동시에 부족한 부분에 대해 신속히 피드백을 지원할 수 있어야 한다. 그래야 개별 학생들의 공백을 최소화하고 효과적인 도움을 줄 수 있다.

비슷한 맥락으로, 매 수업 마무리로 퇴실 티켓(Exit Ticket)을 활용하여 학생들의 학습 상태를 점검하는 것도 좋은 방법이다. 퇴실 티켓은 수업이 마무리 될 무렵에 수업과 관련된 간단한 질문을 던지고, 답을 해야만 퇴실할 수 있도록 하는 제도이다.

비교적 간단한 활동을 통해 학생들이 제대로 학습하고 있는지를 매번 점검할 수 있고 다음 수업 준비에 반영하기도 한다. 학생들 역시 자신이 학습 내용을 얼마나 잘 습득했는지 확인하는 기회가 되어 다음 학습의 방향을 설정할 수 있다.

이외에 온라인이라는 벽을 허물기 위한 다양한 노력을 해야 한다. 온라인일지라도 학생들과의 긴밀한 관계를 유지하면 학생들의 참여도 자체가 높아지면서 학업 성취도 역시 상승하는 결과를 가지고 온다.

이를 위해서는 교수자가 분위기를 만들어 가는 것이 좋다. 어떤 모임을 처음 시작할 때 낯설음과 어색함을 없애기 위해 아이스 브레이크를 한다. 부드러운 분위기 속에서 아이스 브레이크를 통해 마음을 열게 되고, 이것이 관계 맺기에서 대화하기로 이어지면서 모임이 원활하게 흘러가게 된다.

온라인 수업에서도 이러한 흐름이 필요한데 그 역할의 시작을 교수자가 해야 한다. 예를 들어 수업 시작 전 단체 대화창에 인사와 함께 일상을 나눌 수 있는 질문을 하나 던져 놓는 것이다. 수업을 위해 온라인 수업 플랫폼에 접속하는 학생들이 차례대로 답변하면서 자연스럽게 소통이 이루어진다.

줌 플랫폼의 경우에는 〈컴퓨터 소리 공유〉 기능을 이용해 배경음악을 같이 들을 수 있다. 보다 부드러워진 분위기에서 일상을 나눌 때 대면 수업 못지않은 관계를 형성할 수 있다. 친밀감의 형성은 소속감으로 이어지며 이는 곧 학습에 대한 동기부여로 이어진다. 그러니 교수자라면 이 부분을 가볍게 넘기지 말고 고민해야 할 부분이다.

How to Design
Highly Interactive
Online Classes

변함없이 유용한

티칭 꿀팁

감정 소통, 교수법의 꽃!

우리나라 수도 서울에서 1988년 올림픽이 개최되어 축제 분위기가 한창이었다. 마스코트인 호돌이 인형이 대히트를 치기도 했다. 나는 그해를 올림픽보다 더 의미 있게 기억한다. 바로 초등학교에 입학한 해였다.

입학식 날은 아침부터 분주하게 움직였다. 엄마 손을 꼭 잡고 '창원국민학교(현재 창원초등학교)'로 짜박짜박 걸어갔다. 어린 마음에 어찌나 두렵고 떨렸는지 모른다.

학교에 도착하니 운동장 조회대 오른편에 반 배정표가 붙여져 있었고, 반마다 담임 선생님이 노란색 이름표를 나누어 주고 있었다. 엄마가 살펴보더니 1학년 4반이이라며 이름표를 받으러 가자고 하셨다.

그때 내 인생의 첫 담임인 김영숙 선생님을 만났다. 얼었던 마음을 순식간에 녹아내리게 했던 선생님의 온화한 미소는 안정감을 주기에 충분했다. 모든 것이 새로워 어찌할 바를 몰라 하던 여덟 살 여자아이에게 선생님의 미소는 안전지대 그 자체였다. 매일 아침 교실에서 나를 맞이해 준 선생님의 미소는 학교에, 또 어렵기만 한 수업에 잘 적응할 수 있도록 하는 결정적 계기가 되었다.

누구나 이런 경험이 한 번은 있으리라 생각한다. 낯선 상황에서 누군가의 따뜻한 표정과 한 마디의 인사로 마음이 편안해졌던 경험 말이다. 딱 한 사람만 나를 알아주어도 불편한 공간이 머물고 싶은 장소로 바뀔 수 있다.

학습 공간인 교실도 마찬가지다. 새 학기가 시작되거나, 대학에 입학해 아는 사람이라고는 한 명도 없어 긴장하고 있는 순간, 누군가 아는 척을 해 주면 참으로 안심이 된다.

이 역할을 가장 잘하고 효과적으로 할 수 있는 사람은 교수자이다. 특히 교수자의 표정이 무척 중요하다. 무표정하게 학생들의 이름을 부르는 것이 아니라 학생들의 마음을 헤아리는 따뜻한 미소가 바로 감정 소통의 시작점이다.

유명한 언어학자인 페니 얼(Penny Ur) 교수 역시 같은 맥락의 설명을 한 바 있다. 교수자의 심각하거나 중립적인 표정은 학생들에게 중립적인 메시지를 전달하지 않고, 부정적인 메시지를 준다고 했다.

다행히 이 부분은 가볍게 미소를 띠며 수업을 시작함으로써 충분히 개선이 가능하다. 그리고 학생들의 성취에 대한 웃음 반응은 긍정적인 강화의 효과도 있다고 하니 교수자의 미소는 교수법의 핵심이라 해도 과언이 아니다.

그런데 비대면 수업은 지식 전달 면에서 봤을 때 대면 수업과 큰 차이가 없지만 감정 소통이 잘 이루어지기는 어렵다. 실시간 원격 수업이라 해도 비디오와 오디오를 끈 상태로 수업에 참여하는 학생이 더러 있어 교수자가 학생들의 반응을 살피기가 만만치 않다. 간혹 독백을 하는 것과 같은 느낌이기도 하다.

대면 수업에서 학생들의 표정과 웃음소리 등 학생들이 얼마나 수업을 좋아하고 있는지, 얼마나 잘 이해하고 따라오는지 반응 정도를 파악하기 쉽다. 비대면 수업에서는 그런 부분이 차단되어 버린다.

비대면 수업이 비슷한 내용의 동영상 강의와 차별화되기 위해서는 이 감정 소통의 부분을 반드시 해결해야 한다.

그런데 가만히 생각해 보면 이 문제는 실시간 비대면 수업에서 비디오 기능을 켜는 것만으로도 해결이 가능하다. 비디오를 통해 웃으며 인사로 시작하고, 수업 중에도 비디오를 켜 놓고 실제 교실 수업처럼 진행하면 화면에 나타난 표정을 통해 서로의 감정을 파악할 수 있게 된다.

올해 봄 학기, 여러 개의 온라인 수업을 이끌면서 비디오를 켜는 것에서 오는 긍정적인 효과를 크게 경험했다. 교수자인 나는 항상 비디오를 켜고 수업에 임하는 편이지만 많은 학생이 비디오와 오디오를 끈 상태로 수업에 참여했다. 온라인 수업을 활성화 시키는 방안 중의 하나로 비디오를 켜고 수업에 참여할 것을 제안했더니 결과가 좋았다.

먼저 수업 내용과 관련된 질문을 던졌을 때 학생들의 응답률이 굉장히 높아졌다. 학생들이 비디오를 끈 상태로 수업에 참여할 때는 대체로 무반응이었다. 일방으로 수업을 진행하자니 교수자인 나 역시도 고립감과 불안함을 느껴야 했다.

하지만 학생들이 비디오를 켠 후 수업에 참여하는 모습이 눈에 보이고, 서로가 반응을 주고받으며 소통이 뿌듯함을 느낄 수 있었다.

다음으로 학생들이 수업에 잘 따라오고 있는지가 표정으로 나타나 교수자로서 수업 내용이나 설명 방법을 조절할 수 있게 되었다. 결과적으로 효과적인 수업 진행에 긍정적인 영향을 미친 것이다. '감정 소통'이 먼저 이루어져야 지식 전달과 학습 효과가 더불어 커진다는 사실을 몸소 경험하는 시간이었다.

미국 펜실베니아주 센트럴펜칼리지(Central Penn College)의 인문과학대학 학장을 맡고 있는 멜리사 웨일러(Melissa Wehler) 박사에 의하면 온라인 수업을 듣는 학생들은 고립, 두려움, 실망감과 같은 감정을 굉장히 많이 느낀다고 한다.

게다가 이러한 부정적인 감정이 온라인 수업을 이탈하게 하는 주요 원인이 된다고 설명한 바 있다. 그러면서 부정적인 감정들을 해결하고 공동체 의식을 심어주는 것이 온라인 수업을 성공적으로 이끄는 열쇠가 되며, 그 핵심에 교수자가 있다고 강조했다.

이를 위해 교수자가 중심이 되어 소통 가능한 채널을 통해 정보를 공유하는 것이 중요하다. 흔히 알고 있는 인터넷 카페, 블로그, 카카오톡, 인스타그램, 페이스북, 밴드를 활용해도 좋고, 페들렛, 플립그리드와 같은 교육 플랫폼도 고려해 볼 수 있다. 학생도 교수자도 가장 편하게 사용할 수 있는 온라인 소통 방식을 구축하면 된다.

대면이든 비대면이든, 가르침과 학습이 성공적이기 위해서는 감정 소통이 먼저이다. 학생과 교수자 간의 끊임없는 소통은 신뢰를 구축하고, 이 과정에서 배움은 자연스럽게 싹트게 된다는 사실을 명심해야 할 것이다.

아름다운 마무리는 곧 새로운 에너지

남편은 가끔 창밖을 내다보며 "여기 외국 같다. 우리가 카자흐스탄 알마티에서 살게 될 줄이야" 하고 중얼거린다. 가족이 모두 이곳에 있고, 집에서 김치를 먹을 수 있으니 이곳이 한국인지 이국땅인지 모르고 지내다가 가끔 불어오는 바람에서 타국살이를 느낄 때가 있다. 우리 가족의 보금자리가 정말 예상치 못한 이곳 중앙아시아 천산 아래 자리 잡게 되었듯이 한국어 티칭도 비슷하게 진행되었다.

우리 단과 대학(College of Humanities and Education)에 제2외국어 과정이 생기면서 지난 2019년 가을 학기부터 영어로 한국어를 가르치게 되었다. 알마티에서 한국어를 가르치게 될 거라고는 한 번도 생각해 본 적이 없는데, 인생은 그야말로 모험 그 자체라는 생각이 든다.

한국어가 모국어이기는 하나 가르치는 것은 처음인지라 걱정이 이만저만이 아니었다. 수업을 앞두고 매 시간 정성껏 수업 준비를 하고, 한껏 긴장된 채 강의실에 들어갔던 기억이 새록새록 떠오른다.

다행스럽게 학생들은 BTS와 한류의 영향으로 한국어를 배우고자 하는 열망이 대단했다. 걱정이 무색할 만큼 두 학기 모두 즐겁게 학기를 마무리할 수 있었다.

종강 시간에 학생들에게 좋은 추억을 남겨주고 싶어 '사랑해요, 한국어'라는 문구에다 한국어로 함께 했던 친구들의 이름을 적어 예쁜 엽서를 선물했다. 한국인으로서 한국어에 대한 좋은 인상을 주고 싶었고, 오랫동안 기억되면 좋겠다는 마음으로 수업의 마지막까지 신경

147

을 썼다.

갑작스레 시작된 한국어 교육이지만 간직하고픈 기억으로 남을 수 있었던 것은 아마 정성스런 마무리 덕분이지 않을까 싶다. 예측하기 어려운 모험과도 같은 인생이지만 끝이 아름다우면 좋은 기억으로 남는 법이다. 수업도 그렇다. 마무리를 기분 좋게 하면 그 수업은 특별한 수업으로 기억된다.

내가 준비했던 한국어 수업 종강 엽서는 16주 수업을 아름답게 마무리하기 위한 것이었지만 한 시간 남짓 진행되는 단위 수업의 마무리도 크게 다르지 않다. 기분 좋은 이야기, 유머, 칭찬 등으로 즐겁게 마무리한다면 학생들은 수업에 대한 좋은 기억으로 다음 수업을 기대하게 될 것이다.

수업을 즐겁게 마무리해야 한다고 해서 적성에 맞지 않는 유머나 활동을 준비할 필요는 없다. 그저 자연스럽게 자신만의 스타일로 학생들과 기분 좋게 굿바이 인사를 하면 된다.

내 경우에는 주로 그날 수업 참여에 대한 칭찬이나 개인적인 일상을 나누는 것으로 편하게 수업을 마무리 한다. 이렇듯 편안한 마무리는 우리에게 새로운 시작을 위한 에너지를 준다.

다음은 효과적인 수업 마무리를 위해 시도해 볼 수 있는 색다른 활동들[14]이다. 수업 내용 또는 학생들의 성향에 따라 수정 또는 보완하여 다양하게 활용해 볼 수 있다.

온택트, 어떻게 가르칠 것인가?

Dr. Su Jin Lee : Elementary korean, Spring 2020

사랑해요, 한국어!

아이팀 아델   안바로바 아미라
카바에바 토미리스   크반 발로케리아
말리카바 쿨다리아   마미토브 소비르
만사르 아넬리   나크스잔 메이롤란
사파르벡 막잔   스탐살로바 카멀라
왈리에바 쏨밧

한국어 마지막 수업 때
선물했던 엽서

활동명	내용
갤러리 워크(Gallery Walk)	배운 내용 중 가장 중요한 개념을 소그룹 또는 개인별로 포스터 형식으로 만들어 교실 벽면에 붙인다. 퇴실 전, 모든 학생이 교실을 걸어 다니며 다른 학생들의 포스터를 살펴보는 방식으로 수업을 마무리 한다.
퇴실 티켓(Exit Ticket)	각 학생들이 수업 내용 중 두 개의 키워드를 선정한 후 쪽지에 써서 퇴실 티켓으로 제출 하면, 교수자는 확인 후 학생의 퇴실을 허락한다.
전문가 토크(Expert Talks)	학생들 중 한두 명이 그날 배운 내용을 2분 스피치로 요약하여 수업을 마친다.
아티스트(The Artist)	수업 내용을 여러 가지 형태의 그림으로 요약하고, 두세 명의 학생이 자발적으로 발표한 후 수업을 마무리 한다. 매우 창의적인 작품들이 쏟아져 나올 것이다.

이 활동들은 오프라인을 기준으로 작성되었지만 온라인 수업 시에도 사용해볼 수 있다. 비대면 상황에 맞게 약간만 수정하면 크게 어렵지 않다.

예를 들어, 줌 클래스의 〈폴링(Polling)〉 기능을 이용하여, 클래스 룸에서 로그아웃하기 전 오늘 수업 내용 중 키워드를 쓰게 하거나 간단한 질문에 답하게 하여 '퇴실 티켓'처럼 활용해 볼 수 있다. 단체 채팅 창에

---

14) Melissa Williams' (2019) 15 awesome wrap-up activities for students

온택트, 어떻게 가르칠 것인가?

오늘 수업 중 감동 받은 부분이나 기억에 남는 것을 간단히 남기게 하는 것도 온라인 수업을 효과적으로 마무리 할 수 있는 대안이 된다.

수업의 시작과 끝은 확실하게

바야흐로 온택트 시대! 일상에도 변화가 찾아왔는데, 그중 가장 큰 변화가 바로 홈트 요가이다. 팬데믹으로 움직임이 극도로 제한된 상황에서 건강 유지를 위해 선택한 요가는 몸과 마음을 다잡는데 큰 도움이 되고 있다.

하지만 요가를 할 때마다 쉽지 않다. 먼저 아침에 일어나 요가 매트 위에 앉는 것 자체가 갈등의 연속이었다. 그 짧은 순간에 무슨 생각이 그리 많은지 신기할 정도였다. 의지적으로라도 운동을 하기 위해 나만의 의식(Ritual)을 정했다.

아침에 일어나면 TV를 켠다. 이것은 요가 영상을 플레이 한다는 의미이기 때문에 전날 밤 미리 깔아 놓은 요가 매트 위에 수월하게 앉을 수 있다. TV를 켜는 의식을 통해 자연스럽게 요가의 단계로 옮겨가는 것이다. 일단 시작을 하면 중간에 동작들이 잘 되지 않아도 끝까지 하게 된다. 요가 영상이 한 시간 후면 반드시 끝난다는 것을 알기 때문에 지속 가능하다.

강의도 이와 다르지 않다. 교수자는 다양한 방법으로 수업 시작을 알리는데, 학생들이 그 시그널을 곧 수업이 시작한다고 명확하게 알아듣는다면 수업 준비를 하고 집중하게 된다.

내 경우에는 "그럼, 오늘 수업을 시작하도록 하겠습니다(Alright everyone, we'll begin today's lesson)."라는 멘트로 모든 수업의 시작을 알린다. 마치 요가를 할 때, TV를 켜는 것과 같은 의식이다. 어떤 교수자들은 칠판에 날짜 또는 학습 목표를 쓰는 것으로 수업 시작을 알리기도 한다.

수업 마무리도 마찬가지다. 되도록이면 정확한 시간에 끝내고, 수업 내용 요약 또는 리뷰 퀴즈 등 비슷한 루틴으로 마무리를 하는 것이 효과적인 수업 운영에 도움이 된다.

별것 아닌 것 같지만 이 점을 우습게 생각하는 교수자가 많아 안타깝다. 자기만의 루틴을 정해 일관되게 유지하면 학생을 효과적으로 참여시킬 수 있는데도 말이다. 매번 아무 생각 없이 시작도 끝도 흐지부지한 수업은 교실이든 온라인 수업이든 저마다 다른 세상을 돌아다니게 된다.

몇 년 전, 베스트 티처상을 5회 수상하고 '저명 강의 교수'가 된 한 수학과 교수님께 비결을 물어본 적이 있다. 대단한 비결은 없었지만 30년간 지켜 온 철칙을 전해 들었다.

강의실에 절대 일찍 가지 않고, 정확한 시간에 들어가며, 정확한 시간에 수업을 마무리 한다는 일반적인 규칙이었다. 당시에는 깊은 의미를 잘 몰랐지만 강의를 한 지 15년쯤 되다 보니 수업의 정확한 시작과 마무리가 얼마나 중요한지 점점 깨닫는다.

온라인 수업에서도 이 부분은 그대로 적용 된다. 줌 클래스의 경우, 수업 시작 10분 전 즈음부터 열어 놓아 학생들의 입장을 허용한다. 이 때, 조금 일찍 접속하는 학생들을 위해 학생들이 선호하는 음악과 영상을 공유하여 차분하게 수업을 준비하도록 도울 수 있다. 그리고 정시가 되면 수업을 바로 시작하면 된다.

수업 마무리는 끝나는 시간 보다 5분 정도 일찍 마무리 하되, 남은 5분 동안 그날 배운 내용 중 가장 기억에 남는 부분을 단체 창을 통해 공유하게 한다. 지난 학기 수업을 되돌아보면, 생각보다 많은 학생이 자신의 생각이나 의견 남기는 것을 좋아했었다.

수업이 끝나는 시간은 초과하지 않고 정시에 마무리 될 수 있도록 한다. 수업의 시작과 끝을 정확한 시간으로 지켜내는 것은 물론이고, 특정 활동을 설정해 시작과 마무리를 짓는다면 교수자의 전문성이 더욱 빛날 것이다.

수업 계획 공유로 안정적인 수업

팬데믹의 선언은 전 세계를 신음에 빠뜨렸다. 많은 사람이 불안과 걱정으로 힘든 시간을 보내야 했으며 누구도 예외는 없었다. 우리는 왜 불안해하는 걸까? 불안은 왜 사라지지 않고 우리 일상을 끝없이 파고드는 걸까?

불안의 문제는 아마도 불확실성에서 기인하지 않나 싶다. 팬데믹

이 언제 종식될지 알 수 없어 백신 개발만을 기다리고 있지만 이 또한 언제 현실로 다가올지 확언할 수 없다. 사회적 거리 두기와 재택근무 등 방역 수칙을 지키려고 노력하고 있지만 누가 확진자인지 알 수 없으니 생활 자체가 불안함의 연속이다.

게다가 팬데믹은 우리의 일상에 상당한 변화를 가져왔다. 기존의 일자리가 사라진다거나 온택트 기반으로 시스템이 바뀌면서 변화를 따라가지 못하는 사람은 곧 도태되고 만다.

하지만 자신이 하고 있는 일에 어떤 변화가 찾아올지, 어떤 준비로 대처해야 할지에 대한 선명한 대답을 가지고 있는 사람은 많지 않다. 대략적으로 예상하고 이것저것 준비를 해 보지만 마음 한편의 불안함을 떨쳐내기란 어렵다. 어쩌면 영화에서나 일어날 법한 예상치 못한 상황이 우리 앞에 닥칠 수도 있기 때문이다. 팬데믹이 우리에게 다가온 것처럼 말이다.

이처럼 인간은 불확실성에 대한 불안함을 가지고 있다. 시험장의 학생들이 극도의 긴장감으로 불안함 가운데 시험을 치르면 대부분 실력 발휘를 제대로 하지 못한다. 강의실의 학생들도 수업 방향을 명확히 알지 못하면 알 수 없는 불안함으로 인해 수업의 만족도와 학업 성취도가 떨어질 수밖에 없다.

학생들은 수업의 진행 방향을 파악하고, 자신들이 어디쯤 와 있는지를 알고 싶어 하기 마련이다. 본격적인 수업 시작에 앞서 교수자가 당일에 배울 내용에 대해 글이나 말로 간략하게 전달한다면 학생들은 훨씬 편안한 상태에서 수업에 참여할 수 있게 된다.

수업이 끝날 무렵에도 강의 내용을 간단하게 요약하고 다음 시간에 공부할 내용을 미리 알려 준다면 더욱 좋다.

미국 유학 시절에 만난 궈팡 리(Guofang Li) 교수님은 중국계 미국인으로 존경하는 분이다. 교수님께 '영어 쓰기 지도(Teaching Writing)', '영어 읽기 지도(Teaching Reading)', '언어 평가(Language Evaluation)' 등 여러 과목을 배웠다.

교수님과의 수업을 떠올리면 매 수업마다 나누어 주셨던 '오늘 수업 내용(Today's Agenda)'이라는 제목의 프린트물이 기억에 남는다. 어느 날은 파랑, 어느 날은 노랑, 갖가지 색의 A4 용지에 예쁘게 프린트되어 내 손안에 쥐어졌다. 수업 내내 그 프린트물에 있는 내용들을 하나씩 체크해 가며 수업에 참여했던 기억이 난다.

프린트물에는 수업의 주요 주제뿐만 아니라, 수업 중에 진행될 토론 질문까지 적혀 있었다. 영어가 모국어가 아닌 데다 낯선 미국의 강의실이 어렵고 두렵기만 했던 시기에 교수님의 프린트물은 큰 안정감으로 다가왔다. 적어도 프린트물에 없는 내용이 수업 중에 논의되지는 않을 테니까 말이다.

얼마나 인상적이었는지 아직도 교수님이 주셨던 자료들을 보관하고, 수업을 준비할 때 참고 자료로 사용하고 있다. 다음은 교수님이 매 수업에 나누어 주셨던 프린트물을 참고하여 몇년 전 수업에 사용했던 수업 내용 공유의 예시이다.

TEL/TFL 5404. 3 Learning Evaluation and Assessment

(교과목 명 : 교육 평가와 이해)

Agenda for Sep 7(Th), 2017(오늘의 수업 내용 : 2017년 9월 7일 목요일)

1. Warm-up(수업 시작)

1) Greetings

2) Introduction to today's activities

2. Class Activities(수업 활동)

1) About your presentation : sign-up on the topic

2) About your case study

3. Whole-Class Discussion(전체 학급 토론)

1) What was your prior experience with evaluation, testing, and/ or assessment(as a student and/or a teacher)? Describe your experience in the following aspects : What? Why? How? When? Where? Who?

2) What are your language assessment/evaluation needs that you currently have or will have in the immediate future?

3) Lecture & Discussion on Teaching & Testing

· What is evaluation/testing/assessment? What are the contexts for evaluation?

· How is evaluation/testing/assessment done in your class and school?

· Why do teachers need to know about assessment?

4. Reminder of next class(다음 수업 예고)

1) What makes a good language test?

2) Discussion on validity

온택트, 어떻게 가르칠 것인가?

수업 내용 사전 공유는 대면 수업보다 비대면 수업에서 훨씬 더 중요하다. 비대면이기 때문에 느슨해질 수 있는 수업에 대한 책임감과 소속감도 수업 내용에 대한 사전 공지와 충분한 소통을 통해 다잡을 수 있다. 학습자들이 수업을 위한 준비를 하는 데도 도움이 된다. 온라인 수업에서 수업 계획에 대한 공유는 다양한 채널을 통해 이루어질 수 있다.

내 경험을 예로 들자면, 개강하기 일주일 전 즈음 온라인 수업 관리 시스템이자 오픈 소스 전자 학습 플랫폼인 무들에 강의 계획서를 공유한다. 이때 강의 계획서는 최대한 자세히 기술하여 주차별로 어떤 내용을 다루며, 어떻게 준비해야 하는지 알 수 있도록 하는 것이 중요하다. 그리고 해당 교과목을 수강 신청한 학생들에게 단체 웰컴 이메일을 통해 미리 강의 계획서를 읽어 보라고 독려한다.

개강 후 수업이 시작되면, 매 주차별로 다룰 내용을 최대한 구체적으로 무들 플랫폼에 공지하여 학생들이 사전에 무슨 내용을 공부할 것인지 알고 수업에 입장할 수 있도록 한다. 물론 매 수업 시작 시에는 당일 배울 수업 내용을 두세 가지로 요약하여 재차 알려 준 후 본 수업이 시작된다.

주요 과제나 시험 일정도 모두 사전 업로드 하여 학생들이 수업 일정에 대해 큰 그림과 작은 그림을 모두 그려 혼란 없이 강의를 준비할 수 있도록 도와주었다. 수업 계획 공유에 대해 학생들은 매우 만족해했다.

온라인 수업 환경이 되면서 학생들은 모든 것을 스스로 챙겨야 했기에 수업 주요 사항을 놓칠 때가 많다. 다행히 무들에 모든 내용이 구체적으로 업로드되어 있어 언제든 확인 가능하기 때문에 학생들에게는 안심이 되는 지점이었다.

꼭 무들이 아니더라도, 학습자와 교수자가 가장 편리하다고 합의한 온라인 채널을 통해 수업 계획을 사전 공지하는 것은 성공적인 원격 수업을 위해 중요한 요소이다.

새로운 내용을 먼저

영문법 공부는 중학교 1학년 입학과 함께 시작되었다. 사실 초등학교 6학년 겨울 방학 때 중등 준비반에서 영문법을 배우기는 했다. 어려웠는지 아니면 재미가 없었는지 첫 단원인 명사 파트 이후는 어떤 내용을 배웠는지 기억조차 나지 않는다. 늘 영문법을 잘 모른다고 생각해 방학 때마다 문법 공부를 위해 여러 학원을 전전하기도 했다. 그럼에도 불구하고 문법 실력은 늘 명사에서 제자리걸음이었다.

그러던 중 고1 여름방학 때 캐나다에서 오신 제이슨(Jason) 선생님과 영문법을 공부할 기회가 있었다. 선생님께 교재의 '중간-마지막-처음' 순으로 공부를 해 보자고 졸랐다. 영어를 공부한지 5년이 되어 가는데 영문법 책의 첫 부분인 명사 파트만 줄줄 외울 지경이라고 하소연을 하면서 말이다. 덕분에 제이슨 선생님과 명사 파트 이외의 다른 영문법을 정리할 수 있었다.

유독 영문법의 명사 부분만 잘 알았던 이유가 무엇이었을까? 뒷부분의 진도를 나가지 않아서가 아니었다. 처음 시작할 때 의욕과 에너지가 넘쳐 집중력 있게 공부한 덕분이었다. 하지만 매번 뒷부분으로 갈수록 의욕이 저하되고, 집중력도 떨어졌다.

대부분의 학습자도 나와 비슷하다. 학기의 시작, 수업으로 따지자면 수업 초반에는 학습 의욕과 집중력이 높다. 그리고 후반으로 갈수록 힘이 달리고 만다. 교수자로서 이러한 학습자의 특성을 잘 이해해야 한다. 새롭고 중요한 개념을 먼저 설명한 후, 그에 대한 응용 활동을 나중에 진행한다면 지식 전달에 훨씬 더 효과적일 수 있다.

뿐만 아니라 새로운 개념을 소개할 때, 개념과 관련된 오디오나 영상 자료, 그림, 스토리 등을 활용하면 학생들의 이목을 집중시킬 수 있다.

다음의 짧은 영문 편지를 보자. 어떤 수업에 무슨 의도로 소개 되었을지 잠시 생각해 보기 바란다.

언뜻 보아도 어린아이가 쓴 것 같다. 서투른 필체로 보아, 쓰기를 시작한 지 얼마 되지 않았고, 아직 글쓰기보다 그림으로 표현하는 게 훨씬 편해 보인다. 날짜가 있고, 'Happy birthday'라고 쓴 것을 보니 생일 카드임이 짐작된다.

이것은 2019년 내 생일에 다섯 살이었던 큰아이 호세가 쓴 축하 카드다.

호세가 쓴 생일 카드

TESOL대학원의 '영어 쓰기 지도(Teaching Writing)' 수업에서 영어 글쓰기의 종류 중 개인적인 글쓰기(Personal Writing) 개념을 소개하기 위해 예시로 제시한 사진 자료이기도 하다.

학생들과 인사를 나누고 수업을 시작 무렵에 이 자료를 화면에 띄웠다. 스마트폰이나 노트북을 보며 개인 행동을 하던 학생들의 이목이 단숨에 집중되었다. 이 글은 도대체 무엇인지, 누가 썼는지, 그리고 글자 아래 그림은 무슨 의미인지 궁금해하며 질문하던 학생들의 모습이 아직도 생생하다.

참고로, 생일 카드의 그림은 '별자리'다. 당시 큰아이가 별자리에 관심이 많아 관련 그림책을 여러 권 읽어 주었는데, 엄마의 생일과 상관없이 자신이 좋아하는 그림을 그려 넣었다.

이렇게 수업 도입부에 실제 자료와 아들의 이야기를 스토리텔링 형식으로 엮어 개념을 설명하니 학생들의 반응도 좋았고, 개념에 대한 이해도 빠르게 이루어졌다.

온라인 수업에서의 시청각 자료의 역할은 비대면 수업보다 훨씬 중요하다. 교수자가 소통을 위해 사용할 수 있는 몸짓이나 표정, 실물 자료 등이 제한되어 다양한 콘텐츠로 그 부분을 대신해야 한다.

평소 강의를 할 때 시청각 자료를 많이 사용하는 교수자는 아니었다. 실물 자료를 강의실에 가지고 가서 공유하거나 유인물을 보면서도 충분히 이야기할 수 있었기 때문이다.

하지만 온라인 수업을 시작 한 이후 수업과 관련된 콘텐츠 자료가 상당한 비중을 차지한다는 것을 깨닫고 많은 시간을 들여 파워포인트와 동영상 자료를 준비하기 시작했다.

동영상 자료는 주로 유튜브에서 관련 검색어를 통해 찾았고, 이미지 자료는 픽사베이(https://pixabay.com), 펙셀(https://www.pexels.com/ko-kr), 핀터레스트(https://www.pinterest.co.kr/) 등의 사이트를 이용해 무료로 찾을 수 있었다.

수업 내용에 딱 맞는 이미지와 영상을 찾아 수업 초반에 소개하는 것은 학생들의 주의를 집중시키고 호기심을 유발하는 데 결정적인 역할을 한다. 사진, 그림, 영상, 스토리 중 어떤 자료가 더 효과적일지는 교수자가 고민해야 할 몫이다.

한 가지 유의해야 할 것은 저작권에 대한 이해가 선행되어야 한다는 점이다. 국내의 경우 팬데믹 이후 원격 수업 시 공통적인 적용 사항을 준수해야 한다.

첫째, 접근 제한 및 복제 방지를 위해 교수자와 학생임을 확인할 수 있도록 로그인 접속을 해야 한다. 유튜브에서 제공하는 영상의 링크를 공유하는 것은 가능하지만 이런 식으로 비공개 또는 열람 제한 설정이 필수적이다.

둘째, 저작권과 관련하여 수업 자료를 외부에 공개 및 게시하는 것을 금지하고 위반 시 처벌 받을 수 있다는 경고 문구를 표시해야 한다.

셋째, 정확한 출처를 표시해야 한다. 폰트의 경우도 유료 폰트는 제한이 있고, 무료 폰트를 사용하는 것이 좋은데 이마저 공적 이용 범위에도 사용 가능한지 여부를 체크해야 한다. [15]

숙제의 의미는 선명하게

숙제라고 했을 때 딱 하고 떠오르는 것이 있는데 바로 빽빽이다. 초등학교 6학년 때 담임 선생님은 거의 모든 수업의 말미에 빽빽이를 숙제로 내 주셨다. 빽빽이는 깜지라고도 하는데 하얀 공책에 배운 내용을 빽빽하고 까맣게 적으며 공부하는 방식이다. 내 기억에 의하면 방학 숙제마저 하루에 공책 두 장씩 빽빽하게 적어야 했다. 당시 선생님의 빽빽이 사랑이 얼마나 대단했는지 모른다.

빽빽이 숙제를 할 때 왜 해야 하는지는 생각하지 않고 그저 공책 한 바닥을 채우는 데 급급해하며 방과 후 시간을 보냈던 기억이 난다. 빽빽이를 빨리 끝내려고 칸이 넓은 공책과 부드러운 펜을 구하러 친구와 문구점을 찾았던 기억도 생생하다. 연필을 잡는 오른손 셋째 손가락의 굳은살도 그때 생긴 거라면 다들 믿으려나? 여하튼 그때는 빽빽이 숙제라면 인이 박힐 정도였다.

담임 선생님이 빽빽이 숙제를 내 줄 때는 분명한 의도와 목적이 있었을 것이다. 하지만 선생님은 단 한 번도 그 부분에 대해 차분히 설명해 주신 적이 없었다. 수업을 마치는 종소리와 함께 서둘러 공지를 했으니 그럴 만도 하지 싶다. 다만 지금에 와서 생각해 보면 그 많은 빽빽이를 하는 동안 아무 생각 없이, 그저 숙제 검사를 통과하기 위해

---

15) 교육부, 원격 수업을 위한 저작물, 이렇게 이용해 주세요!-교사편, 대한민국정책브리핑, 2020. 04. 14, http://www.korea.kr/news/visualNewsView.do?newsId=148871502

온택트, 어떻게 가르칠 것인가?

열을 올렸던 어린 내가 참 안타깝다.

페니 얼 교수는 같은 빽빽이 숙제라도 좀 더 효율적으로 접근할 수 있는 방법을 제안한다. 그다지 어려운 방법은 아니다. 수업을 마치기 직전에 습관처럼 전달하지 말라는 것이 핵심이다. 수업 중간에 숙제와 관련된 내용이 나오면 보드 또는 칠판에 적으면서 숙제를 공지하되 판서한 내용은 수업을 마칠 때 학생들에게 상기시키는 장치로 사용하라는 것이다. 그것이 훨씬 효과적인 방법이라고 한다.

또한 숙제도 수업의 일부분이므로 학생들에게 천천히, 그리고 자세하게 전달해야 하며 관련 질문을 받아 친절하게 답변해 주어야 한다. 그래야 학습으로서의 숙제의 의미가 제대로 전달될 수 있다.

모든 일은 그 의미가 선명하게 이해될 때, 가장 큰 동기 부여와 함께 좋은 결과도 동반된다. 숙제도 마찬가지다. 학생들에게 올바른 방법으로 잘 전달된다면, 숙제를 위한 숙제가 아니라 티칭이라는 큰 그림 가운데 학습으로서의 중요한 역할을 하게 될 것이다.

줌을 활용한 원격 수업에 적용해 보면 다음과 같이 정리할 수 있다.

첫째, 수업 중간 숙제 관련 내용이 나올 때 바로 언급한다.

둘째, 〈화면 공유-화이트보드〉 기능을 이용해, 적으면서 알린다.

셋째, 수업을 마칠 때 〈화이트보드〉 기록 내용을 상기시킨다.

넷째, 천천히 자세히 전달하고 질문에 친절히 답한다.

다섯째, 온라인 플랫폼에 주요 공지로 한 번 더 안내한다.

숙제의 명확한 의미를 전달하는 것도 좋지만 그보다 앞서 적절한 숙제를 내는 것도 교수자의 몫이다. 온라인 수업이 시작된 후 학생들

Tip>

학생의 학습권

학습을 받을 수 있는 권리를 말한다. 교사가 가르치는 권리인 수업권과 대치되는 경우가 많은데, 수업권은 학습권 실현을 위해 인정되는 것이므로 학습권이 수업권보다 우월한 위치에 있다고 볼 수 있다. 따라서 정상 범위를 벗어난 교사의 행동으로부터 학습권은 보호되어야 한다.

사이에서는 숙제에 대한 부담을 호소하는 경우가 많다.

대면 수업과 달리 학생들의 분위기가 어떠한지 파악이 어렵고, 성취도마저 가늠하기 힘들어진 교수자들은 숙제를 대안으로 내세웠다. 그러자 한 대학생은 하루에 제출해야 하는 숙제의 개수가 무려 19개에 달한다는 글을 올리기도 했다.[16]

갑작스레 이루어진 비대면 수업으로 인해 교수자들의 혼란함도 모르는 바 아니다. 하지만 강의의 질이 떨어져 학습의 모든 책임이 학생에게도 지워져서는 안 된다. 과도하고 무분별한 숙제는 학생의 학습권을 침해할 수도 있다는 사실을 기억하고 강의와 숙제의 균형을 잘 맞추어야 할 것이다.[17]

---

16) 김진욱, "사이버강의와 과제의 상관관계", 〈오마이뉴스〉, 2020. 05. 22, http://www.ohmynews.com/NWS_Web/View/at_pg.aspx?CNTN_CD=A0002643203&CMPT_CD=SEARCH

17) 박영서, 과제 폭탄, 피드백 부족…대학생들 '온라인 강의' 개선 호소, 〈연합뉴스〉, 2020. 03. 31, https://www.yna.co.kr/view/AKR20200331152600062

수업 교재는 멘토

앞서 프롤로그에서 밝혔듯 첫 강의가 아직도 생생하다. 한 대학의 여름 계절 학기에서 영어 회화 수업을 맡은 것이 시작이었다. 그때 수업 교재는 내게 학기 내에 반드시 마무리해야 하는 숙제 같은 것이었다. 숙제를 기한 내에 끝내야 한다는 강박에 갇혀 학생들을 챙기는 것은 뒷전이었다.

교수자의 가장 큰 의무가 수업 교재를 떼는 것이라고 생각했으니 스트레스도 어지간히 받았다. 그 상황을 빗대어 말하자면 '빈대 잡으려고 초가삼간 태운다'는 속담이 '수업 교재 끝내려다 학생들 잡는다'로 바뀌는 순간이었다.

수업 교재는 멘토와 같다. 여러 길 중 어떤 길로 가야할지 방황하고 있을 때, 올바른 방향을 결정하도록 도움을 주는 사람이 멘토다. 내 인생에도 두 분의 멘토가 있다. 조미원 교수님과 자녀 양육에 큰 그림을 그릴 수 있도록 도움을 주신『9시 취침의 기적, 악기보다 음악』의 저자이신 김연수 선생님이다. 진로와 진학, 결혼 등 인생의 중요한 결정이 있을 때마다 지혜와 조언으로 이끌어 주신 분들이라 고마움이 크다.

두 분의 멘토 모두 도움을 주시긴 했지만 사사로운 문제들에 대해 간섭을 한다든지 내 삶의 주도권을 잡고 컨트롤 하려는 모습을 보이지 않으셨다. 대신 큰 방향을 제시해 주시거나 스스로 상황에 맞게 세세한 사항들을 결정하고 해결할 수 있도록 격려해 주셨다.

수업 교재의 역할이 바로 이 멘토의 역할과 비슷하다. 교재가 교수자와 수업을 좌지우지 하는 것이 아니라 교수자가 수업에 대한 주도권을 가지고 학생의 능력이나 수업의 성격 등을 고려하여 수업 교재를 활용하면 된다.

수업 교재에는 큰 방향과 핵심이 잘 잡혀있어 교수자가 길을 잃지 않도록 도와준다. 대신 세부적인 활동이나 수업에서 다룰 내용은 교재에 의지하는 것이 아니라 교수자가 상황에 따라 조정해야 한다. 각 수업마다 학생들의 특성이 다르다. 여러 상황들을 잘 고려하여 교재를 선별적으로 사용하는 것이 교수자의 주요한 역할이다.

간혹 수업의 길잡이인 멘토가 되어야 할 수업 교재가 잘못 사용되는 경우가 있다. 첫 번째 사례는 끝까지 고집하는 경우이다. 중·고등학교 시절 학기 말이 다가오면 교과목 선생님들로부터 교재를 빨리 끝내야 한다는 말을 자주 들었다. 꽤 많은 선생님이 교재를 빨리 끝내기 위해 폭풍 설명을 해 가며 남은 분량이 상당한 데도 단 몇 주 안에 마무리 지었다.

그중 고등학교 시절 물리 교과목 선생님은 전형적인 끝까지 고집하는 타입이셨다. 말도 굉장히 빠르고, 교과서는 물론 부교재로 선정된 문제집도 끝까지 마무리해야 한다는 철학으로 수업 시간마다 빠른 속도로 밀어붙이셨다. 그래서인지는 몰라도 물리는 평생 이해 불가한 교과목으로 남았다.

물론 나의 탓도 있겠지만 당시 선생님이 교재를 떼겠다는 일념이 아니라 학생들의 이해도를 점검하며 꼭 알아야 할 내용들을 천천히 설명했더라면 어땠을까? 어쩌면 물리는 어려운 과목이라고 머릿속에 새겨진 고정관념이 사라지지 않았을까?

교재를 잘못 사용하는 두 번째 사례는 순서에 집착하는 경우이다. 영어 교과를 예로 들어 보자. 중학교 시절 한 영어 선생님의 새로운 단원 시작은 언제나 새 단어 소개였다. 그리고 뒤이어 독해-문법 설명-듣기-말하기-연습문제 순으로 수업이 진행됐다. 중학교 시절의 수업을 이토록 또렷하게 기억하는 것은 이 순서가 일 년 내내 한 번도 바뀐 적이 없었다. 게다가 이 순서는 각 단원별 교과서의 배열과 일치했다.

교과 내용에 따라 듣기를 먼저 진행하고 독해를 한 후 학생들이 단어를 유추하게 한다거나 독해를 진행하면서 단어 설명을 곁들이는 등 같은 단원 내에서 다양한 순서로 수업을 배열했다면 좀 더 역동적인 수업이 되지 않았을까 아쉬운 마음이 든다.

교재 사용의 잘못된 예의 마지막은 부교재를 남발하는 경우다. 이 경우는 교재와 부교재 선택의 주도권이 교수자에게 있는 대학에서 흔히 나타난다. 교수자가 학기 시작 전 교재를 충분히 검토하지 않고 선택하거나, 예상치 못하게 학기 중 수업 방향이 달라지면 부교재를 추가함으로써 보완을 꾀하는 경우가 있다.

한두 권 정도의 부교재는 학생들에게 크게 부담이 되지 않는다. 하지만 부교재 리스트가 그보다 많아져 다섯 권이 넘는다면 한 학기 학업량으로 소화하기 어려운 것은 물론 금전적인 부담도 무시할 수 없다.

대학원 시절을 떠올려 보면 부교재가 열 권이 넘어가는 교수님들이 꽤 있었다. 심지어 주 교재는 별로 다루지도 않고, 주로 부교재로 16주 수업을 진행했던 교수님들도 계셨다. 여러 교재를 넘나들며 수업이 진행되어 혼란스럽기도 하고, 핵심 내용의 파악도 잘 되지 않아 애를 먹었다. 주 교재를 깊이 있게 탐구하고, 한두 권의 부교재를 통해 다양성을 보완했다면 훨씬 더 나은 수업으로 기억되지 않았을까 싶다.

주 교재이든, 부교재이든 수업 교재의 올바른 선택과 활용은 수업 설계에 있어 대단히 중요한 문제다. 마치 인생의 멘토가 한 사람의 삶을 바꾸어 버리는 것처럼 말이다. 교수자가 충분한 시간을 들여 교재의 활용 방법을 고민하고, 수업에서 멘토처럼 사용한다면 만족도 높은 수업이 될 것이다.

자기 주도 학습의 성패가 학업 성취 여부를 결정하는 원격 수업에서는 학습자에게 있어 교재와 수업 자료는 정말 길을 안내하는 멘토가 되기에 더욱 심사숙고하여 교재를 선정해야 한다.

먼저 교수자가 핵심 내용이 장황하지 않고 간결하게 정리된 교재를 선택해야 하겠고, 실제 수업과 높은 연관성으로 학습자의 이해를 도와야 할 것이다. 여러 상황으로 종이책 수급이 어려울 경우를 대비해 전자책으로 함께 출판된 책을 선택하는 것도 도움이 된다.

수업을 역동적으로 바꾸는 활동

카자흐스탄은 매끼 차를 곁들여 마신다. 가장 많이 마시는 차는 블랙티에 우유와 설탕을 약간 섞은 밀크티다. 이외에 여러 가지 차를 즐긴다. 주식은 빵 또는 밥이며, 고기와 감자를 심심하게 요리해 먹는다. 다양한 종류의 채소 샐러드도 함께 먹는 것이 일반적이다.

알마티에서 우리 가족이 처음으로 갔던 파라다이스라는 현지 레스토랑이 생각난다. 여러 가지 메뉴가 있었는데 잘 모르니 사진을 보고 맛있어 보이는 것을 골랐다. 차는 꼭 주문해야 한다고 생각해 밀크우롱차를 주문했다.

모든 메뉴가 입에 착 붙는다는 말이 나올 정도로 맛있었고, 그 이후 밀크우롱차를 즐겨 마시게 되었다. 가격도 저렴한 편이라 무척 만족스러웠던 식사로 기억된다.

이렇듯 삼시세끼 차를 곁들이는 카자흐스탄의 식문화는 마치 우리나라에서 대부분의 식사에 김치가 나오는 것과 비슷하다. 카자흐스탄이나 우리나라만 그런 것이 아니라 나라마다 삼시세끼 늘 곁들여져 나오는 메뉴가 있고, 또 끼니마다 바뀌는 음식이 있기 마련이다. 이 두 가지가 조화를 잘 이루어야 비로소 근사한 식탁이 완성된다.

우리나라의 상차림은 김치와 밥이 필수이고, 나머지 찌개나 반찬은 매번 바뀌곤 한다. 그런데 삼시세끼 같은 찌개에 밥과 김치만 나온다고 상상해 보자. 며칠은 맛있을지 몰라도 식사 시간이 돌아올 때마

카자흐스탄 음식

삼시세끼에서 다양성이 중요하다는 사실을 보며

티칭과 삼시세끼가 비슷하다는 생각이 든다.

수업의 주요 내용을 이해하고 습득하기 위해서는

다양한 활동이 활성화되어야 한다.

다 끔찍해지고 말 것이다. 가뜩이나 밥과 김치 모두를 그리 좋아하는 편이 아닌 나로서는 생각만으로도 괴롭다.

삼시세끼에서 다양성이 중요하다는 사실을 보며 티칭과 삼시세끼가 비슷하다는 생각이 든다. 수업의 주요 내용을 이해하고 습득하기 위해서는 다양한 활동이 활성화되어야 한다. 일관된 한 가지 활동으로 학습을 해야 한다면 수업은 지루하고 흥미가 떨어질 수밖에 없다.

예를 들어 질문하기는 유치원에서부터 대학원까지 교실에서 가장 많이 이용되는 활동이다. 주로 교수자가 질문을 던지고 한두 명의 학생이 답변하는 방식이다. 그런데 이 활동의 경우 소수의 학생에게만 포커스가 집중되어 나머지 학생들은 수업 내용 자체에 무관심해질 우려가 있다.

따라서 질문하기 활동을 사용하되 소그룹 토론이나 역할극, 라운드 테이블, 패널 토론 등 다양한 수업 활동을 병행할 수 있어야 한다. 그래야 다양한 음식이 잘 차려진 식탁처럼 수업도 맛있어질 수 있다.

질문하기는 소그룹 토론과 잘 어울린다. 학생들을 네다섯 명의 소그룹으로 나누고, 소그룹마다 교과와 관련된 다른 질문지를 준다. 13~15분 안에 그룹별로 모여 함께 질문의 답을 모색하고, 시간이 되면 각 그룹의 발표자가 질문 내용과 답을 나누면 된다. 그 과정 중에 교수자가 학생들이 수업의 핵심 내용을 파악할 수 있도록 요약하고 정리해 준다면 금상첨화다.

비슷한 방식으로 패널 토론을 시도해 보는 것도 매우 재미있다.

대학원 시절 영어 습득 이론(Second Language Acquisition) 수업에서 영어 조기 교육에 대한 패널 토론을 시행했는데 적절한 예가 될 것 같아 소개한다.

'영어는 어릴 때부터 가르쳐야 할까?'라는 질문을 준 후 패널로 참여하고 싶은 다섯 명의 학생들을 선발한다. 패널들은 강의실 앞 쪽에 의자와 책상을 배치하여 앉아 나머지 학생들은 자연스럽게 청중이 된다.

각 패널들은 중재자, 영어 교육 전문가, 유치원 교사, 학부모, 아동 심리사 등 모두 다른 역할을 맡는다. 각자의 역할에 맞는 의견을 주고 받으며 청중들의 질문에 답변하면서 수업을 진행한다. 패널 토론이지만 전체 학생이 흥미진진하게 수업에 참여했었다.

짧은 질문이라도 소그룹 활동이나 패널 토론과 같은 방식으로 진행하면 단순한 활동이 역동적으로 바뀌게 되고, 학생들의 참여도 훨씬 활발해진다.

카훗 메인 홈페이지

온택트, 어떻게 가르칠 것인가?

온라인 수업 역시 카훗(Kahoot)과 같은 애플리케이션을 활용하면 역동적인 수업 진행이 가능하다. 카훗은 노르웨이에서 개발한 퀴즈 프로그램이다.

교수자라면 카테고리를 선생님으로 바꾼 뒤 문제를 만들어 올리면 학생들은 게임 비밀번호(Game PIN)를 입력해 접속하고, 문제를 풀면 된다. 단순한 시험 문제와 더불어 퀴즈, 토론, 설문 등도 가능하다.

수업 중 개념 설명이 마무리 되고 카훗을 진행하면 가라앉았던 수업 분위기를 한층 업 시킬 수 있다. 특히, 퀴즈를 푸는 과정과 개별 학생들의 점수가 화면에 나타나기 때문에 더욱 흥미진진하다. 1등한 학생에게 보너스 포인트와 같은 보상을 주어도 학생들 동기부여에 큰 도움이 된다.

학생들의 이름을 외우나요?

카자흐스탄은 러시아어를 공용어로 쓰고, 일상에서는 카자흐스탄어를 쓰는 사람이 꽤 많다. 내가 근무하고 있는 학교는 인터내셔널 대학이므로 수업을 비롯한 모든 행정, 의사소통은 영어로 이루어진다.

학생들은 현지 출신이라 영어식이 아닌 러시아어 이름을 가진 학생들도 있고, 카자흐스탄어로 된 이름을 가진 학생들도 있다. 카자흐스탄으로 이주한지 만으로 3년이 되어 가지만 아직도 러시아어는 서툰 편이다. 겨우 읽을 수는 있지만 발음도 부정확하다.

아이팀 아델, 안바로바 아미라, 카바예바 토미리스, 크반 발레리아, 사파르벡 박잔, 왈리에바 쏨밧. 무슨 말인지 짐작이 되는가? 지난 학기 내 수업에 참여했던 몇몇 학생들의 이름을 한글로 나열해 본 것이다.

카자흐스탄에서 가을 학기 첫 수업을 시작했을 때 가장 어려웠던 것은 의외로 출석 부르기였다. 학생들의 이름을 도저히 발음할 수 없어서 대안을 찾아야 했다. 결국 수업 말미에 학생들이 교탁 앞으로 나와 출석부에 서명하는 방식을 사용했다. 사정이 이렇다 보니 수업 중에 학생들의 이름을 부른다는 것은 상상조차 할 수 없는 일이었다.

이름을 부를 수 없을 뿐인데 수업 분위기는 약간 경직되어 있었다. 화기애애한 분위기와는 거리가 멀었다. 학생들에게 개인적으로 도움을 주는 일도 거의 없었다. 서로의 관계가 긴밀하지 않으니 학생들도 찾아오기 어려웠을 테고, 나 역시 마찬가지였다.

지금 생각해 보면 어떻게 학생들의 이름도 모른 채 수업을 마무리했는지 황당하기 짝이 없다. 학생들의 이름을 모르니 사제 간의 관계가 가까워질 수 없었고, 학생들의 필요조차 파악하기 어려웠던 것을 떠올려 보면 나의 티칭 흑역사가 아닐까 싶다.

첫 학기를 아쉽게 마무리하고 다음 학기부터는 학생들의 이름을 꼭 외워야겠다는 각오를 했다. 학기 시작 전 출석부가 나왔을 때, 한국어와 러시아어에 능통한 고려인 대학원생에게 도움을 요청했다.

러시아어 또는 카자흐스탄어로 된 이름 옆에 작게 한글로 옮겨 적어 달라고 부탁해 여러 번 반복해서 읽으며 눈에 익힌 후 수업에 임했고, 되도록 학생들의 이름을 많이 부르려고 애를 썼다. 익숙지 않은 언어였지만 두 주 정도 지나니 자연스럽게 외워졌다.

그때 학생의 이름을 알고 불러주는 것은 순전히 교수자의 노력에 달려 있음을 깨달았다. 물론 학생 수가 굉장히 많은 대단위 수업은 어려울 수도 있겠지만 교수자로서 노력을 기울여야 하는 것은 명백한 사실이다.

Tip>

카자흐스탄어

정확한 명칭은 카자흐어이며, 원어 표기를 따라 카자크어라고도 한다. 카자흐스탄뿐 아니라 러시아, 몽골 서부, 중국의 신장 위구르 자치구의 카자흐족들이 사용한다. 본래 러시아어 단어에 카자흐어 품사 어미를 덧붙인 것이 대부분이라 카자흐어를 익히려면 러시아어를 어느 정도 알고 있어야 한다. 표기는 주로 키릴 문자와 라틴 문자가 쓰인다.

학생들의 이름을 외워서 부르며 소통하면 관계가 좋아지는 것이 금세 느껴진다. 교수자가 직접 학생의 이름을 부르니 수업 중 토론 및 강의 분위기도 한결 밝아지는 것을 경험할 수 있다.

학생들도 교과 내용에 의문이 생기면 쉽게 교수자에게 다가와 질문할 수 있는 분위기가 형성된다. 교수자가 학생들의 이름을 익혀 불러주는 것이 수업의 질을 높이는 데 큰 효과가 있음을 경험하고 나니 노력을 기울이지 않을 수 없다.

김춘수 시인의 '꽃'이라는 시를 떠올려 보자. 이름을 부르는 순간 누군가에게 의미를 가진 존재로 거듭난다. 학생의 이름을 외우는 것은 시간 낭비가 아니라 좋은 수업을 위한 첫걸음임을 명심하자.

이름을 부르는 것은 소통의 출발점이자 학생 한 명 한 명을 인격적인 존재로 존중한다는 의미이며, 관심과 사랑의 표현이다.[18] 삭막할 수 있는 원격 수업 중 실시간 대화창을 통해 소통하며 학생들의 이름을 불러 주면 그 자체만으로도 학생들에게 소속감과 안정감을 줄 수 있다.

배움의 즐거움이 수업의 핵심

알마티에서는 점차 팬데믹으로 인한 격리가 완화되기 시작했다. 시내의 쇼핑몰이나 의류점, 미용실, 세탁소, 카페, 레스토랑을 비롯한 비즈니스의 운영이 정상화되었다. 하루 확진자 수가 200명을 넘는 날도 있는 만큼 바이러스 확산이 우려되었다. 그럼에도 많은 활동에 제약이 풀린다니 아이러니가 아닐 수 없다.

카자흐스탄 정부에 의하면 정체된 경제를 활성화시키기 위해 어쩔 수 없는 정책이었다고 입장을 밝혔다. 어떤 일이 벌어질지 예상을 할 수 없으니 난감하다. 더 많은 확진자가 도시를 활보하게 될 텐데 이대로 활동을 재개해도 되는 것인지, 아니면 더욱 조심해야 할 것인지 신중한 판단이 필요한 시점이다.

---

18) 정종민, 아이들의 이름을 불러주자, 교육부 행복한교육, 2014. 9, https://happyedu.moe.go.kr/happy/bbs/selectHappyArticle.do?nttId=3148&bbsId=BBSMSTR_000000000202

온택트, 어떻게 가르칠 것인가?

이처럼 예상과 다른 결과는 우리를 당황스럽게 한다. 어떻게 대처해야 할지 판단하기도 무척 어렵다. 그런데 이런 일은 교실에서도 동일하게 나타난다.

대학 시절, 무역 영어라는 교과목 시간에 그런 당황스러움을 느낀적이 있다. 대학 때는 아직 어리다 보니 학문의 탐구나 배움의 즐거움보다 재미있는 수업, 학점을 잘 주는 교수님을 수소문해 수강 신청을하곤 했다.

여러 선배로부터 무역 영어를 가르치는 교수님이 정말 재미있다는 소문을 듣고 고민 없이 수업을 선택했다. 내가 속한 사범대학도 아닌 경상대학에서 수강을 했던 기억이 난다. 굳이 그래야 했나 싶지만그때는 재미있고 즐거운 수업이 그렇게나 좋았던 모양이다.

개강 후 무역 영어 수강 신청에 성공한 친한 친구들과 수업에 들어갔다. 소문대로 수업은 재미있었다. 교수님이 희극 배우처럼 말도 재미있게 하시고, 다양한 퍼포먼스로 학생들을 즐겁게 해 주느라 애를쓰셨다.

처음에는 마냥 재미있어서 함께 웃고 떠드느라 정신없이 몇 주가흘렀다. 수업을 듣기 시작한지 3-4주가 지나갈 무렵 그 수업의 목적에대해 의문을 가지기 시작했다. 수업은 두 시간 연강이었는데 워낙 많은 농담이 수업 내용에 뒤섞여 있어 무엇을 배우고 있는지 정리가 되지 않았다.

급기야 학생들을 즐겁게 해 주려 과도하게 오버하는 교수님의 모습이 불편하다는 생각이 들기 시작했다. 무척 재미있는 수업이지만 학습에는 전혀 도움이 되지 않는 아이러니한 상황이 나를 무척 힘들게 했다.

나는 학교 다닐 때 소위 말하는 모범생이었다. 학생들 중 가장 눈을 크게 뜨고 앉아 선생님과 눈을 맞추었고, 선생님 말씀에 고개를 끄덕이며 열심히 필기하는 학생이었다.

무역 영어 수업 중에는 재미있는 유머가 많았지만 사실 공감되지 않는 부분도 있었다. 하지만 교수님의 유머가 정말 재미가 있든 없든 간에 그저 앞자리에 앉아 선생님 말씀에 고개를 끄덕였던 것처럼 호응하는 역할에 최선을 다했다.

그래서였을까? 무역 영어 수업이 끝나면 피곤함이 몰려오고 지친다는 생각이 들곤 했다. 나와 함께 수업을 듣는 친구도 그 수업을 듣고 나면 정신이 없다고 한 것을 보면 수업이 힘들게 느껴졌던 것이 비단 나의 기질 때문만은 아니었을 것이다.

그때의 경험을 통해 수업 중 재미를 위해 유머를 남발하거나 부적절하게 사용하는 것이 오히려 역효과가 크다는 것을 알게 되었다. 효과적이고 재미있는 수업을 위해 양념처럼 넣은 유머가 오히려 학습자를 지치게 하고, 배움을 가로막는다면 교수자로서도 무척 당황스러운 일이다.

수업의 효과를 극대화하기 위해 동영상, 전자 칠판 등 테크놀로지를 사용하는 것이 지나치거나 부적절할 때 독이 된다. 수업을 재미있게 만들고자 하는 욕심은 배가 목적지를 잊고 산으로 가게 할 수도 있

온택트, 어떻게 가르칠 것인가?

다는 사실을 명심해야 한다.

교수자의 역할은 배움의 과정과 지식의 습득이라는 본질을 통해 학생들이 즐거움과 기쁨을 느끼도록 해 주는 것이다. 희극배우처럼 웃기는 것은 교수자의 본분이 아니다. 수업의 맥락을 흐트러트리지 않게 하는 범위 내에서 유머를 적절하게 사용할 때 진정한 즐거움을 주는 수업이 완성된다는 사실을 기억해야 한다.

온라인 수업시 분위기를 흐트러트릴 수 있는 것들에는 지나치게 길거나 수업과 관련성이 없는 동영상 자료와 주의를 산만하게 하는 비디오 배경 화면을 예시로 들 수 있다.

수업 동기 유발과 의미 확장을 위해 양념처럼 사용되어야 할 동영상 자료가 그저 웃고 끝난다면, 학습자들은 그 목적에 의문을 가지고 당황할 수 있다. 또한 너무 긴 동영상은 아무리 좋은 내용이라도 동영상에 빠져 수업 자체에 대한 흥미를 잃을 수 있으므로 주의해야 한다.

의외로 교수자 비디오의 배경 화면도 수업 분위기에 악영향을 미칠 수 있다. 너무 산만한 배경이라든지, 지나치게 화려한 배경은 학생들의 관심을 빼앗아 수업 자체에 대한 몰입도에 악영향을 미치므로 주의해야 한다. 가능하면, 차분하고 정돈된 이미지를 선택하는 것이 좋겠다.

문제 행동은 초기에 잡아야

치과 검진을 정기적으로 받아야 한다는 사실을 알고 있지만 쉽게 치과로 발걸음을 하기란 하늘의 별따기다. 여섯 살 때였던가? 충치 치료를 받으러 치과에 갔었다. 치과 특유의 위잉 하는 소리와 함께 무서움이 밀려오고, 아프기도 해서 나도 모르게 치과 장비를 발로 차버렸다.

조그만 여자아이가 그럴 때는 어찌나 힘이 세던지 몇몇 장비들이 땅에 떨어질 때까지 발차기를 멈추지 않았다. 옆에서 나를 잡고 있던 엄마는 연신 사과의 말을 건네며 미안해하셨다. 그때 의사 선생님은 소리 때문에 아이가 많이 무서울 수 있다며 도리어 엄마를 위로했던 장면이 생생하게 기억에 남는다.

과격했던 소동에도 불구하고 치료를 마치기 위해 최선을 다해 주신 의사 선생님 덕분에 충치 치료는 잘 마무리 되었다. 치료를 안 받겠다고 애를 쓰는 통에 입을 억지로 벌리게 하여 치료를 진행했던 터라 입가에 상처가 났었다.

치료를 마친 후 간호사 선생님이 친절하게 연고까지 발라 주셨으니 35년이 훌쩍 지난 이야기인데도 또렷하게 기억이 난다. 특히 치과를 나설 때 의사 선생님이 해 주셨던 이야기는 아직도 귓가에 맴돈다.

치과는 무서운 곳이 아니니 너무 겁내지 말고 6개월에 한 번씩 검진 받으러 오라고 하셨다. 이가 아플 때가 되어서 치과에 오면 치료 기간도 길고 많이 아프다면서 머리를 쓰다듬어 주셨다. 그 난리 통에

온택트, 어떻게 가르칠 것인가?

도 의사 선생님의 마지막 말이 머릿속에 각인되어 지금도 치과 정기 검진을 열심히 받고 있다.

충치를 오래 두면 신경 치료를 하거나 심한 경우 발치를 할 수도 있다. 하지만 정기 검진을 통해 미리 발견하면 치료도 쉽고, 고생도 덜하게 된다. 심지어 치료비도 절약하게 되니 정기 검진의 필요성은 두 번 말하면 입이 아플 정도다.

어디 치과 치료뿐일까? 다른 병도 키우면 안 된다는 말이 있듯이 일상에서 일어나는 대부분의 문제는 초기 대응이 중요하다. 초반에 문제를 파악하고 액션을 취하면 의외로 쉽게 해결되는 경우가 많다. 그런데도 우리는 왜 문제가 커지도록 내버려 두는 걸까? 물론 거기에 는 바쁘다거나 귀찮다거나, 두렵다는 등 상황에 따라 핑계가 여럿 있 을 것이다.

일상과 마찬가지로 교실에도 이런 상황은 어김없이 일어난다. 교수자는 교실에서 학생들의 문제 행동을 끊임없이 발견하게 된다. 그 럴 때 역시 교수자의 빠르고 단호한 초기 대응이 가장 중요하다.

학생들의 문제 행동을 발견했을 때 중요한 설명을 하고 있다거나 혹은 토론과 조별 활동이 진행 중이라는 이유로 지도하기를 미루면 곤란해진다. 문제 행동을 한 학생이 자신의 잘못을 인지하고 자연스 럽게 멈추는 것이 아니라 오히려 상황이 악화되는 경우가 빈번하다.

내 경험을 이야기하자면 나는 수업 중 학생들의 스마트폰 사용에 대해 심각하게 여기지 않았다. 급한 메시지가 왔겠거니 하고 대수롭지 않게 넘기기가 일쑤였다. 문제는 그 다음이었다.

내가 별 대응을 하지 않았더니 수업 중에 스마트폰을 사용하지 않던 학생들마저 슬슬 스마트폰을 만지작거리기 시작했다. 급한 메시지 때문이 아니라 SNS를 하거나 게임을 하는 진풍경이 펼쳐졌다. 그것도 수업 중에!

학생들이 내 수업 중에는 스마트폰이 허용된다고 인식했던 것이다. 스마트폰을 사용하는 학생이 점점 느는 상황은 마치 우리 집 둘째 호산이가 밥은 뒤로 하고 반찬만 먹는 것을 보고 그대로 따라하는 셋째 호원이를 보는 것 같았다.

다 큰 학생들임에도 가끔 세 살배기 아이 같다. 수업 중에 해서는 안 될 부적절한 행동을 알고 있지만 남들이 하니까, 또 그게 재미있어 보이니까 그냥 따라하고 만다.

스마트폰 사건을 경험한 후부터 수업 중 학생들의 문제 행동이 발견되면 그 즉시 명백하게 잘못된 점을 알려 주어 해결한다. 다만 문제 행동을 한 학생만을 지적하면 당사자가 무척 당황하고, 모욕감을 느낄 수 있으므로 유연하게 이야기할 필요가 있다. 전체 학생들에게 수업 중 지켜야 할 사항을 공지하는 것처럼 말이다.

수업 시작부터 바로잡을 수 있는 꿀팁도 있다. 학기가 시작될 때 수업 중 해서는 안 될 행동을 리스트로 작성해 수업 계획서와 함께 학생들과 공유하는 방법이다. 이미 문제 행동에 대해 인식하고 있기 때문에 서로 간에 조심하게 된다. 문제 행동이 초기에 잘 해결되면 수업의 질이 높아진다는 점을 명심하길 바란다.

온라인 수업시 문제가 되는 대표적인 행동은 실시간 대화창에 수업과 상관이 없는 신변잡기나 의미 없는 멘트, 이모티콘을 남발하는 것이다. 실시간 대화 창은 수업 관련 공지나 정보를 공유하고 서로의 안부를 물으며 유용하게 활용되어야 한다.

의미 없는 글들이 넘쳐나면 중요한 정보가 묻혀 많은 학생이 놓칠 수 있다. 또한, 계속 올라오는 글 때문에 수업에 집중하기 어렵게 만든다. 이 부분에 대해서는 반드시 사전 공지가 있어야 하고, 수업 시간마다 실시간 대화 창 이용에 대해 상기시킨다면 더욱 좋은 수업을 만들 수 있다.

CLICK! Q&A

How to Design
Highly Interactive
Online Classes

이수진 교수와 함께하는

온라인 수업 Q&A

온라인 강의 준비

Q1. 온라인 수업은 팬데믹이 끝나고 나면 무용지물이 되지 않을까요? 이렇게까지 공들여 준비해야 하나 싶습니다.

A. 물론 팬데믹이 온라인 수업의 가속화에 기폭제로 작용한 것은 맞습니다. 하지만 이전에도 오프라인 수업과 온라인 수업을 병행하는 블렌디드 수업 방식이 존재해 왔고, 칸아카데미나 미네르바 스쿨의 예를 보더라도 자연스러운 시대의 흐름이라고 받아들이기에 충분합니다.

2007년 스마트폰의 탄생 이후 거듭되는 기술의 발전으로 인류의 삶의 공간은 오프라인과 온라인이 공존해 왔습니다. 미국에서는 100년도 더 된 백화점이 문을 닫았다고 합니다. 이미 오프라인 소비 공간이 축소되고 있다는 뜻입니다.

점차적으로 삶의 공간마저 디지털 공간으로 옮겨가면서 교육 역시 동일한 흐름에 의해 온라인 수업이 본격화될 것입니다. 그러니 온라인 수업을 공들여 준비한다면 앞으로 보다 효과적인 수업을 지속해 나갈 것이라 예상할 수 있습니다. 더욱이 온라인에서 활용한 미디어, 이미지, PPT 등 다양한 수업 자료와 패들렛, 플립그리드와 같은 온라인 학습 플랫폼은 대면 수업에서도 그대로 활용할 수 있어 걱정 없이 준비하셔도 됩니다.

Q2. 온라인 수업을 준비할 때 가장 신경 써야 하는 부분이 무엇일까요?

A. 온라인 수업은 교사와 학생이 한 공간에 있지 않기 때문에 학생들의 자발적 참여 의지를 높이는 것에 신경을 써야 합니다.

의사와 환자 사이에는 서로 간에 신뢰를 형성하는 것이 수월한 치료와 회복에 도움을 줍니다. 이를 라포(Rapport)라고 하는데, 교사와 학생 간에도 이 라포 형성(Rapport building)이 중요합니다. 온라인 수업 자체가 어색한 학생들에게 다짜고짜 공부할 것을 강요하면 큰 효과를 기대하기 어렵습니다.

가능하다면 정식으로 수업을 시작하기 전 테스트 개념으로 화상 채팅을 통해 일상을 나누는 것도 좋은 방법입니다. 매 수업 주제를 달리 해도 되고, 자연스럽게 식사 메뉴를 언급한다든지 날씨에 대한 이야기를 하며 분위기를 풀어 가도 좋습니다. 끝말잇기와 같은 간단한 게임을 한다거나 노래 한곡을 들려주고 노래에 대한 감상을 나누는 것도 부드러운 분위기에 도움이 됩니다.

Q3. 실시간 온라인 강의도 리허설이 필요할까요?

A. 가급적 실제 강의를 진행하듯이 리허설을 하면 좋습니다. 강의 내용과 흐름을 머릿속으로 생각하고 있는 것과 직접 강의를 하는 것은 차이가 있으므로 리허설을 하면 교사 본인도 시스템에 적응할 수 있어 도움이 됩니다.

또한 리허설을 통해 카메라와 마이크 성능을 테스트해 볼 수도 있습니다. 화면이 너무 어둡거나 하는 부분도 미리 점검해 잘 보이도록 조정하는 것도 필요합니다.

온라인 강의는 오프라인 강의와는 다르게 표정과 몸짓도 과장된 표현을 해야 학생들에게 전달 효과가 큽니다. 리허설을 통해 이 부분을 미리 연습하는 것이 어색함이 덜 합니다.

저 같은 경우 줌 플랫폼을 통해 온라인 수업을 진행하는데, 〈기록〉 기능이 있어 수업 리허설을 녹화하여 셀프 모니터링을 해 보기도 합니다. 녹화된 수업 장면을 보면, 스스로 알지 못했던 여러 습관들이 포착됩니다.

예를 들어 수업을 하면서 머리를 자꾸 만진다든지, 말의 속도가 빠르다든지, 지나치게 많은 추임새, 부정확한 발음 등 학생들의 집중을 방해하는 요소들을 발견하고 의식적으로 고칠 수 있는 기회가 됩니다. 저는 영어로 수업을 진행하는데 '에, 음, 어'와 같은 의미 없는 말을 자주 사용한다는 것을 알게 되었습니다. 스스로 보기에도 바람직하지 않다는 생각이 들어 이후 수업부터 지금까지 이를 줄이기 위해 노력하고 있습니다.

또한 텍스트 위주의 PPT 화면도 굉장히 지루하다는 것을 느끼고, 이미지와 영상, 텍스트를 조화롭게 넣어 강의 자료를 준비하고 있습니다.

Q4. 학생들에게 온라인 수업 안내를 어떻게 해야 할까요?

A. 가능하다면 컴퓨터로 접속하는 것을 유도하는 것이 좋으며, 차선책으로 모바일 기기를 활용하도록 해야 합니다. 학생들이 줌

과 같은 프로그램을 낯설어 할 수 있으므로 미리 프로그램 사용법을 간단한 매뉴얼로 만들어 배포하는 것이 좋습니다. 학생의 나이가 어리다면 학부모가 온라인 수업 세팅을 도와야 하므로 이 부분을 간과해서는 안 됩니다. 무엇보다도 첫 수업 전에 테스트 세션을 마련하여, 학생들이 기술적인 문제로 수업에 접속하지 못하는 일이 없도록 연습을 해 보는 것이 꼭 필요합니다.

Q5. 온라인 실시간 강의 시 필요한 장비는 무엇인가요?

A. 필수적으로 필요한 장비는 컴퓨터(혹은 노트북), 웹캠, 마이크, 스피커(혹은 이어폰)가 필요합니다. 노트북을 사용할 경우에는 웹캠과 마이크가 내장되어 있어 생략 가능하지만 학생들에게 명확한 소리를 전달하기 위해서는 마이크를 따로 구비해 두는 것을 추천합니다. 필수적인 것은 아니지만 보다 고화질의 영상을 원한다면 카메라와 캡처보드를 추가로 구비할 수 있습니다. 너무 어둡게 나온다면 촬영용 조명을 세팅하는 것도 좋습니다.

어떤 프로그램을 활용하느냐에 따라 지원되는 운영체제나 웹브라우저, 하드웨어 사양 및 네트워크 요구 사항 등이 다를 수 있으므로 반드시 사전에 확인해야 합니다.

Q6. 수업 동영상 제작 시 시간이 얼마나 걸릴까요? 그리고 편집은 어떤 툴을 이용하나요?

A. 동영상 제작은 생각보다 많은 시간이 소요됩니다. 예를 들어

30분의 강의를 준비한다면 준비하는 데 걸리는 시간은 30분의 5~10배의 시간을 투자해야 합니다. 동영상 강의를 찍다가 실수라도 하면 다시 찍어야 하며, 영상을 편집하는 시간도 꽤 걸립니다. 동영상 편집툴은 프리미어 프로를 사용할 수 있습니다. 기본적인 내용을 모를 경우에는 유튜브 검색으로 상세한 기능을 익힐 수도 있고, 프로그램 사용법을 담은 서적을 구매하고 그때그때 모르는 부분을 찾아볼 수도 있습니다.

기본적으로 영상 업로드 → 영상배치 및 음악 편집 → 타이틀 및 자막 순으로 진행합니다. 처음에는 긴 시간이 걸리지만 익숙해지면 촬영과 편집까지 두 시간 이내로 줄일 수 있습니다. 동영상 강의의 경우 최대 15분 내외로 하는 것이 학생들의 집중력을 고려해 볼 때 가장 효과적이며, 수업 내용이 많다면 여러 개의 동영상으로 나누어 제작할 것을 추천합니다.

온라인 강의 실전

Q1. 온라인 수업 시 학생들이 제 말을 알아듣기 힘들다고 하는데 마이크의 문제일까요?

A. 물론 마이크의 문제일 수도 있습니다. 노트북에 내장된 마이크의 경우 교사의 목소리 외에 주변의 소리들이 들어갈 가능성도 있습니다. 하지만 대면 수업과 달리 온라인 강의의 경우 교사들의 전달력과 목소리의 의존도가 높기 때문에, 호흡과 발음, 발성에 더욱 신경 써야 합니다. 의식적으로 천천히, 또 정확하게 발음하려고 노력해야 학생들과 소통이 원활합니다. 강의 중 물을 준비해 두고 건조함이 느껴질 때마다 물을 마셔 목소리가 잘 나오도록 하는 것도 노하우입니다.

Q2. 줌 외에 온라인 화상 수업 도구에는 어떤 것들이 있나요?

A. 줌과 함께 대중적으로 가장 활발하게 이용되고 있는 것이 구글챗(Google Chat)과 구글미트(Google Meet), 스카이프(Skype)입니다. 구글챗은 시간의 제한이 없지만 참가 인원이 25명으로 제한됩니다. 구글 계정이 필요하며 크롬으로 접속하면 별도로 프로그램을 설치할 필요 없이 사용이 가능하고 화면 공유 기능이 있습니다. 구글미트는 G Suite 버전에 따라 참가 인원과 기능에 차등이 있습니다. 참가 인원은 100~250명이며 구글챗처럼 크롬으로 접속 시 구글 계정만으로 사용할 수 있고, 화면 공유가 가능합니다.

온택트, 어떻게 가르칠 것인가?

스카이프 역시 시간은 무제한이며 50명까지 참여할 수 있습니다. 다만 별도의 프로그램을 설치해야 하고, 스카이프 계정이 필요합니다. 앞의 프로그램들과 다르게 화면 공유 기능은 불가능하며 면대면 서비스에 초점이 맞추어져 있습니다.

이 외에도 온더라이브(On The Live), 시스코 웹엑스 팀즈(Cisco Webbex Teams), 고투미팅(Go to meeting), 페이스타임(Face Time), 왓츠앱(Whats App) 등이 있습니다. 프로그램마다 단방향 스트리밍이냐 쌍방향 스트리밍이냐가 중요한 문제입니다. 또한 수업 보조 기능으로 어떤 기능이 있는지, 몇 명이 참여할 수 있는지 등 각 프로그램의 특성을 미리 파악한 후 수업에 적절한 프로그램을 선택해야 합니다.

Q3. 밴드(BAND)를 이용한 온라인 수업은 줌과 다른가요?

줌과 밴드의 가장 큰 차이는 학생들의 참여가 제한적이라는 점입니다. 줌은 교사와 학생 모두가 영상과 음성으로 참여할 수 있지만 밴드는 다릅니다. 교사는 영상과 음성으로 실시간 수업을 진행하지만 학생들은 채팅으로만 참여할 수 있습니다.

따라서 교사가 일방적으로 정보를 전달하는 강의식 수업이나 질의응답식 수업에 적합합니다. 줌을 이용한 수업은 학생들도 웹캠과 같은 장비를 구비하고 있어야 하는 부담이 있는데, 밴드는 실시간 참여를 하면서도 그런 부분에서 학생들의 부담을 줄일 수 있습니다.

실시간 수업 후 강의는 게시글로 해당 밴드에 업로드할 수 있고, 학생들은 그 영상을 저장할 수 있어 놓친 부분을 복습하기에 유용합니다.

밴드는 개설된 밴드의 맴버들에게만 공유되어 보안성이 좋고, 커뮤니티 기능이 활발하게 이루어진다는 장점이 있습니다. 하지만 화면 공유 기능이 없어 교사가 학습 자료를 카메라로 비추어야 한다는 불편함이 발생합니다. 수업 전 미리 자료를 공유한다면 더욱 활발한 수업을 진행할 수 있습니다.

Q4. 줌은 무료와 유료 두 가지를 선택할 수 있던데 교사가 무료 버전을 사용해도 되나요?

A. 무료인 경우에는 3인 이상일 시 40분의 시간 제한이 적용됩니다. 강의 시간이 40분이 넘어가면 다시 채팅방을 개설해야 합니다. 다만 팬데믹 이후 교육 기관의 이메일을 가지고 있다면 신청 양식을 작성해 무료 사용 요청을 할 수 있습니다. 신청 시 영문으로 작성해야 하며 수락될 때까지 시간이 걸린다는 점을 염두에 두어야 합니다. 유료는 시간 제한이 없습니다.

무료는 한 번에 100명까지 참여가 가능합니다. 반면 유료는 등급에 따라 차이가 있지만 300명에서 1천 명까지 참여할 수 있습니다.

또한 무료는 참여자의 로그인 기록을 확인할 수 없습니다. 반면 유료는 참가자의 로그인 기록이 남습니다. 채팅방 입장 시간과

퇴장 시간을 확인할 수 있어 학생들의 출석 관리가 용이합니다. 이 외에도 유료는 설문 조사 기능이 있어 수업 후 퀴즈를 낼 때 유용합니다. 전문적으로 온라인 강의를 제공하는 교사라면 클라우드 저장 기능이 있다는 것도 강점으로 작용합니다.

오프라인 수업도 집중력을 위해 40~50분 수업 후 10분의 쉬는 시간을 가지므로 무료 버전을 사용한다 해도 큰 무리는 없지만 앞의 사항을 고려해 선택하시면 됩니다.

Q5. 줌 실시간 강의 시 너무 시끄럽다는 의견이 많았습니다. 해결 방법이 있을까요?

A. 교사와 더불어 수업에 참여하고 있는 학생들이 음소거를 해제하고 있다면 소음 문제를 호소할 우려가 있습니다. 따라서 모든 학생은 채팅방에 입장하면서 음소거 상태로 입장한 후 질문이나 답변 등 발언을 해야 하는 상황일 때만 탄력적으로 음소거를 해제하도록 유도해야 합니다.

Q6. 수업 중 유튜브 동영상 링크를 공유했더니 끊김 현상이 생겨서 저장하고 싶은데, 어떻게 하면 되나요?

A. 유튜브 영상 링크를 통해 동영상을 추출하는 방식이 있습니다만 엄밀히 말해 불법이며, 유튜브 동영상을 합법적으로 저장하기 위해서는 유튜브 프리미엄(유료 회원)에 가입해야 합니다. 유튜브 프리미엄은 한 달 무료 체험 후 자동으로 요금이 과금되니 무료

체험만 할 생각이었다면 이 점을 유의해야 합니다.

저장 기능 외에 광고가 없이 영상 시청이 가능하며, 화면의 잠금이나 다른 앱을 사용하고 있을 때도 동영상이 재생된다는 점, 수많은 음악을 무제한으로 들을 수 있다는 장점이 있습니다.

Q7. PPT로도 동영상을 만들 수 있나요?

A. PPT로도 동영상 강의를 만들 수 있습니다. 우선 일반적인 PPT를 만듭니다. 이때 애니메이션 순서대로 슬라이드를 제작해야 한다는 점을 기억해야 합니다. 슬라이드별로 대본을 마련해 두는 것도 잊지 말아야 합니다. 발표 수업 시 대본을 만드는 것과 비슷하니 큰 부담은 없으리라 생각합니다.

PPT를 다 만들었다면 상단 〈슬라이드 쇼〉 메뉴를 선택합니다. 왼쪽에 개별 슬라이드 목록이 뜨는데 하나를 선택한 후 상단에서 〈슬라이드 쇼 녹화〉 버튼을 클릭해 녹화를 할 수 있습니다. PPT 동영상은 각 슬라이드별로 동영상을 제작한다는 개념으로 생각해야 합니다.

슬라이드 쇼 녹화 버튼을 누르면 두 가지 옵션을 선택할 수 있습니다. 하나는 처음부터 녹음 시작, 다음은 현재 슬라이드에서 녹음 시작입니다. 가급적 두 번째 옵션을 선택해 슬라이드별로 녹화하시기를 바랍니다. 중간에 틀릴 경우 처음으로 돌아가야 하는 번거로움이 있습니다. 녹화 시작 전 녹화할 항목을 선택하게 되어 있습니다. 보통은 모두 선택 후 녹화를 하시면 됩니다. 녹화하기 전 마이크 상태 확인은 필수입니다.

녹화를 종료할 때는 키보드의 ESC를 누르거나 슬라이드 쇼 녹화 화면을 클릭하면 종료됩니다. 슬라이드 우측 하단의 스피커 모양을 눌러 녹음 상태를 확인할 수 있으며, 동일한 방식으로 슬라이드별 녹화를 진행하시면 됩니다.

개별 슬라이드 녹음을 완료했다면 이제 동영상으로 변환을 해야 합니다. 좌측 상단의 파일 메뉴에서 내보내기를 할 수 있습니다. 내보내기 메뉴에서 비디오 만들기를 선택 후 저장하면 MP4 형식으로 저장됩니다.

PPT는 교육 기관에서 무료로 사용할 수 있는 프로그램이며, 동영상 제작 시 시간이 적게 걸린다는 장점이 있습니다. 또한 비디오를 선택할 수 있어, 원치 않는다면 얼굴을 노출하지 않아도 되어 부담감이 덜합니다. 다만 녹음을 한 번에 끝내야 해서 실수를 하면 다시 해야 한다는 점, 동영상 저장 시 기간이 좀 걸린다는 점, 정확하고 퀄리티 높은 영상 편집에 한계가 있다는 점은 단점으로 작용합니다.

온라인 강의 피드백

Q1. 온라인으로 간단한 퀴즈를 실시했는데 학생들이 성의껏 답변하지 않았다는 것이 느껴졌습니다. 어떻게 하면 좋을까요?

A. 퀴즈를 실시한 후 교사의 피드백이 무척 중요합니다. 얼굴을 맞대고 있는 상황이 아니기 때문에 학생 개인에게 직접적인 관심을 표하는 것이 학습에 주도적으로 참여하는 계기를 마련해 줍니다.

답안지에 하나하나 상세하게 피드백을 한 후 따라오지 못하는 학생들에게는 개인적인 댓글을 통해 격려할 필요가 있습니다. 어린 시절 일기장 검사를 받던 때를 떠올려 보면 좋겠습니다. 일기장을 돌려받을 때 선생님이 달아 놓은 코멘트 한 줄로도 관심을 받았다는 생각에 기쁘지 않았던가요? 학생들에게도 세심한 피드백을 해 준다면 관심에 대한 긍정적 반응으로 활발한 참여를 기대할 수 있습니다.

특히 온라인 수업의 특성상 답을 몰라서 틀린 경우도 있지만 시스템 적인 부분에서 오류가 발생한다거나 수업 환경이 안정되지 않았을 가능성도 있으므로 피드백 시 조심스러운 접근이 필요합니다.

개별적인 피드백이 무척 수고로운 일이지만 교사의 입장에서도 오고가는 답변들을 통해 학생들 한 명 한 명이 눈에 들어오는 값진 경험을 하게 됩니다.

온택트, 어떻게 가르칠 것인가?

Q2. 자칫 느슨해질 수 있는 학습 분위기를 잡을 수 있는 방법이 있을까요?

A. 협업 문서를 활용하는 방법을 추천합니다. 다양한 프로그램들이 있지만 마이크로소프트에서 제공하는 화이트보드를 기준으로 설명하겠습니다.

프로그램을 다운 받아 실행시키면 왼쪽 상단에 메뉴 버튼이 보입니다. 거기에서 〈공유 링크 만들기〉를 클릭하면 웹 공유 링크가 생성됩니다. 링크 복사 버튼을 클릭해 주소를 복사한 후 학생들과 공유하면 해당 화이트보드에서 협업 문서를 작성할 수 있게 됩니다.

수업 중 마인드맵을 만든다거나 하나의 그림 혹은 사진을 보고 각자의 의견을 제시할 수도 있습니다. 참가자가 나갔다 들어와도 데이터가 남아 있긴 하지만 협업 문서 활용이 끝났다면 메뉴 버튼 클릭 후 내보내기를 통해 이미지 형태로 저장할 수 있습니다. 학생들의 참여를 독려하는 한편 그 활동을 기록으로 남길 수 있어 평가용으로도 좋으며, 일종의 학습 커뮤니티의 기능도 기대할 수 있습니다.

Q3. 온라인 실시간 수업이 무척 산만하게 진행되고 있는데, 안정화 시키려면 어떻게 해야 할까요?

A. 교사가 미리 온라인 실시간 수업의 규칙을 공유하는 것이 좋습니다. 이미 수업이 진행되었다면 한 번 정도 학생들과 규칙을 만들자고 제안하여 함께 만드는 것도 좋은 방법입니다. 상호 작

용의 효과와 더불어 스스로 만든 규칙을 지켜야 한다는 동기를 부여할 수 있습니다.

온라인 실시간 수업을 성공적으로 이끌기 위한 에티켓이 있는데, 그 내용은 다음과 같습니다.

첫째, 조용한 환경에서 접속하도록 합니다.

둘째, 카메라 방향은 얼굴의 정면을 향하도록 합니다.

셋째, 수업 시작 시간보다 일찍 접속하도록 합니다.

넷째, 수업 중 협업, 발표 등 필요에 따라 화면을 켜도록 합니다.

다섯째, 발언권을 얻은 후 말하도록 합니다.

여섯째, 수업 중 딴짓을 하지 않고 집중합니다.

이런 에티켓을 지키지 않으면 수업이 산만해집니다. 수업 전 미리 공지하거나 더 필요한 규칙은 없는지 교사와 학생 간의 의견 교환이 필요한 부분입니다.

Q4. 학부모에게 전달해야 할 준비 사항에는 무엇이 있을까요?

초등학생 이하 또는 초등 저학년 연령대에게 온라인 수업은 상당한 부담으로 작용하며, 학부모의 지도가 반드시 병행되어야 합니다. 수업 시작 전 프로그램 접속 및 활용 방법을 익히도록 안내해야 합니다. 학부모가 알아서 아이들을 안내해 줄 것이라는 막연한 기대를 했다가는 학생들의 참여도에 적신호가 켜질 수 있습니다. 학부모와 교사의 원활한 소통이 온라인상에서 어린 연령대의 학습자가 성공적인 학습을 수행하는 데 핵심이라 해도 과언이 아닙니다. 실제로 실시간 온라인 수업 시 접속에 문제가 생겨 출석하지 못하는 상황이 생긴다거나 엉뚱한 수업 방에 들어가 있는 경우도 발생한 적이 있습니다.

또한 학부모가 하나의 수업에 대하여 단 5분이라도 학습 내용을 확인하려는 노력이 필요합니다. 전교조에서 온라인 수업 관련 설문조사를 실시했는데, 학습 격차의 발생 원인에 대해 가정환경의 차이라고 답한 비율이 무려 72.3%나 되었습니다. 가정 내 학습 관리가 제대로 이루지는 것이 얼마나 중요한가를 단적으로 보여주는 예입니다.

부모의 부담을 덜어주기 위해 과제의 양을 조절해야 하며, 과제의 난이도 역시 부모가 어려움 없이 도울 수 있는 선에서 이루어져야 할 것입니다.

Q5. 학생들의 온라인 수업 참여를 유도할 수 있는 방법이 있을까요?

A. 학습 일지를 쓰면 자연스럽게 참여를 유도할 수 있습니다. 온라인 수업은 실시간이 아닌 경우라면 원하는 시간대에 원하는 장소에서 편하게 학습할 수 있지만 참여에 대한 열의는 떨어지게 됩니다. 따라서 수업에 참여할 수밖에 없는 장치를 마련해 둘 필요가 있습니다.

수업을 들으며 중요한 것을 메모하거나, 수업 후 내용을 요약하는 방식으로 진행하면 됩니다. 가급적 노트를 활용해 필기도구로 기입하는 것이 학습 효과가 좋습니다. 학습 일지는 사진을 찍거나 스캔을 받는 방식으로 LMS(Learning Management System : 온라인 학습 관리 시스템)나 패들렛에 올려두도록 안내합니다.

교사는 학습 일지 확인 후 상호 작용을 위한 피드백을 해야 합니다. 잘한 것에 대한 칭찬과 못한 것에 대한 아쉬움, 더 잘할 수 있는 방법을 제시하거나 격려해 주면 학생들의 참여는 물론 성장에도 도움이 됩니다.

Q6. 실시간 온라인 수업을 진행하면서 굳이 녹화해야 할 필요가 있을까요?

A. 실시간 온라인 수업에는 변수가 많습니다. 예를 들어 수업에 참여할 의지는 있지만 상황이 안 되어 참여할 수 없는 경우도 있습니다. 갑작스럽게 인터넷이 안 된다거나 수업에 참여하려고 해도 튕기는 현상이 일어나기도 합니다. 수업 도중 로딩이 늘어지면서 놓치고 지나가는 부분이 생기기도 합니다. 따라서 실시간 온라인 수업을 녹화해 저장본을 제공하는 편이 바람직합니다.

또한 온라인 수업은 직접 대면하지 않기 때문에 집중력이 떨어질 수 있습니다. 녹화된 동영상을 통해 복습을 할 수 있다면 학습 능률을 올리는 데 도움이 됩니다.

Q7. 학생들의 소속감을 높이기 위해 무엇을 해야 할까요?

A. 일대일 상담을 시도해 보는 것을 추천합니다. 화상으로 얼굴을 보고 해도 좋고, 채팅 창을 활용해도 좋습니다. 직접 대면하지 않는 것이 오히려 장점으로 작용해 훨씬 깊은 고민을 나눌 수 있

습니다. 또한 선생님이 내게 관심이 있다는 일종의 안도감을 느끼게 되어 정서적으로도 안정되고, 수업 참여 의욕도 높아집니다. 또한, 스터디 커뮤니티를 만들어 학생들끼리 소통할 수 있도록 독려하는 것도 좋은 방법입니다. 수업에 관련된 정보도 공유하고 협업을 통해 다양한 프로젝트도 수행하면서 소속감을 높일 수 있으며, 일상의 대화를 통해 스트레스도 해소할 수 있습니다.

Q8. 온라인 수업에 대한 학부모의 부정적 시각을 어떻게 바꿀 수 있을까요?

A. 왜 부정적인 시각이 만들어졌는지를 살펴봐야 합니다. 온라인 수업이 시작된 초기에는 수업 주제와 관련된 동영상 링크만 걸어 두고, 과제를 내는 식의 수업이 상당수 진행되었습니다. 몇 분짜리 동영상에 과제만 잔뜩 쌓이면 학부모 입장에서는 불만이 생길 수밖에 없습니다. 가능하다면 교사가 직접 동영상 강의를 준비하는 것이 좋고, 과제의 부담을 줄여주어야 합니다. 과제의 부담은 곧 학부모의 몫이 될 가능성이 높기 때문입니다. 제출된 과제에 대해서는 반드시 피드백을 주어 학생의 학습 진행 상황에 대해 학부모와 공유하는 노력이 필요합니다. 뿐만 아니라, 학부모가 가이드를 해 주어야 한다면 미리 정리하여 교사가 전달하는 것이 바람직합니다.

참고자료

【 국내 도서 】

1. 복주환, 『생각정리 스피치』, 천그루숲, 2018
2. 백윤서, 『청소년 퍼스널 브랜딩 법칙』, 바이북스, 2014
3. 서상훈, 『학부모를 위한 메타인지 온라인 학습법』, 마이웹, 2020
4. 유시민, 『글쓰기 특강』, 아름다운 사람들, 2015
5. 최규호, 『퍼스널 브랜드의 완성, 연출의 힘』, 모바일북, 2017
6. EBS 다큐프라임 미래학교 제작진, 『미래학교』, 그린하우스, 2019

【 해외 학술 자료·】

1. Amabile, T., Barsade, S., Mueller, J. & StawFirst, B. (2005) Affect and Creativity at Work. Administrative Science Quarterly, 50(3), 567-403.
2. Fredrickson, B. (2001). The Role of Positive Emotions in Positive Psychology. American Psychologist, 56(3), 218-226.
3. McLoughlin, C. (2006). Best Practice in Online Assessment: Principles, Process, and Outcomes. Retrieved from https://ro.ecu.edu.au/ecuworks/2269
4. Moradi, H. & Chen, H. (2019). Digital Storytelling in Language Education. Behavioral Sciences, 9(147).
5. Penny, U. (2016). 100 Teaching Tips. Cambridge University Press.
6. Ryan, R. & Deci, E. (2000). Self-Determination Theory and the Facilitation of Intrinsic Motivation, Social Development, and Well-Being. American Psychologist 55(1). 66-78.
7. Schell, P. G. & Janicki, J. T. (2012). Online course pedagogy and the constructivist learning model. Journal of the Southern Association for Information Systems, 1(1).

8. Teaching Excellence in Adult Literacy (TEAL) Center. "TEAL Center Fact Sheet No. 2: Fact Sheet: Universal Design for Learning. https://lincs.ed.gov/state-resources/federal-initiatives/teal/guide/udl

9. The Best School (Jan 31, 2018). Synchronous Learning vs. Asynchronous Learning in Online Education. https://thebestschools.org/ magazine/ synchronous -vs-asynchronous-education/

【 인터넷 사이트 】

1. 김훈수, "캐나다, 코로나 19 이후 부상할 뉴노멀 시대 키워드는?", <Kotra 해외시장뉴스>, 2020.04.16, https://news.kotra.or.kr/user/globalAllBbs/kotranews/list/2/globalBbsDataAllView.do?dataIdx=181186

2. 류태호, "코로나 19 팬데믹 이후 교육의 '뉴노멀'은?", <프레시안>, 2020.5.25, http://www.pressian.com/pages/articles/2020052509170549331

3. 문광민, "이메일로 책 1권 분량 질의·응답…학생이 꼽은 최고 원격 강의 비결", <매일경제>, 2020.07.31, https://www.mk.co.kr/news/society/view/2020/07/786338/

4. 양승진, "무역협회 포스트 코로나 시대, 디지털·비대면·홈코노미 확대", <CBS노컷뉴스>, 2020. 5. 24, https://www.nocutnews.co.kr/news/5348724

5. 이유진, "원격 수업 속 '교육양극화'… 중위권 성적 추락", <한겨레>, 2020.7.7, http://www.hani.co.kr/arti/society/schooling/952702.html

6. 이지현, "칸아카데미", <네이버 지식백과 용어로 보는 IT, 블로터 제공>, 2015.10.01, https://terms.naver.com/entry.nhn?cid=59088&docId=3579944&categoryId=59096

7. 이지현, "MOOC", <네이버 지식백과 용어로 보는 IT, 블로터 제공>, 2015.08.27, https://terms.naver.com/entry.nhn?cid=59088&docId=3579844&categoryId=59096

8. 김민주, "'미네르바스쿨'은 어떻게 언택트 시대 세계적 명문대학이 됐나", <일요신문>, 2020.6.19, http://ilyo.co.kr/?ac=article_view&entry_id=372583

9. Anant Agarwal, "Data Reveals Why the 'Soft' in Soft Skills' is a Major Misnomer", <Forbes>, 2018.10.02, https://www.forbes.com/sites/anantagarwal/2018/10/02/data-reveals-why-the-soft-in-soft-skills-is-a-major-misnomer/#493e39ec6f7b

10. Claire Cain Miller, "Extreme Study Abroad : The World Is Their Campus", The <New York Times>, 2015.10.30, https://www.nytimes.com/2015/11/01/education/edlife/extreme-study-abroad-the-world-is-their-campus.html

11. Derrick Harris, "Udacity founder: MOOCs can help the economy, even if they can't replace college", <GIGAOM>, 2014.1.25, https://gigaom.com/2014/01/25/sebastian-thrun-moocs-can-help-the-economy-even-if-they-dont-replace-college/

12. Flower Darby, "How to Be a Better Online Teacher", <The Chronicle of Higher Education>, 2019.4.17, https://www.chronicle.com/article/how-to-be-a-better-online-teacher/

13. Janelle Cox, "Teaching Strategies: What a 21st-Century Educator Looks Like", <Teacherhub>, 2015.6.16, https://www.teachhub.com/teaching-strategies/2015/06/teaching-strategies-what-a-21st-century-educator-looks-like/#:~:text=Instead%20of%20sitting%20back%2C%20a,address%20on%20issues%20head%2Don.

14. Melissa Williams, "15 awesome wrap-up activities for students", <ClassCraft>, 2019.11.5, https://www.classcraft.com/blog/features/awesome-wrap-up-activities-for-students/

15. Melissa Wehler, "Five Ways to Build Community in Online Classrooms", <Faculty Focus>, 2018. 05. 11, https://www.facultyfocus.com/articles/online-education/five-ways-to-build-community-in-online-classrooms/

16. Sarah Cooper, "Distance Learning Strategies to Bring Back to the Classroom", <Edutopia>, 2020.5.22, https://www.edutopia.org/article/distance-learning-strategies-

bring-back-classroom

17. Tom Vander Ark, "Minerva's Innovative Platform Makes High Quality Higher Ed Personal And Affordable", <Forbes>, 2019.04.08, https://www.forbes.com/sites/tomvanderark/2019/04/08/minervas-innovative-platform-makes-high-quality-higher-ed-personal-and-affordable/#53df0fdc5742

【 기타 자료 】

1. 세바시 1030회 강연 (2019). 일터의 변화를 이끄는 창조사고 프로세스, 버니스 맥카시 교육학자 & 4MAT 창시자, 유튜브채널 세바시

2. 세바시 1038회 강연 (2019). 교육의 변화를 이끄는 창조사고 프로세스, 버니스 맥카시 교육학자 & 4MAT 창시자, 유튜브채널 세바시

3. 홍영일 (2020), 성공적인 온라인 수업을 위한 체크리스트, 유튜브채널 홍영일 어린왕자